監修者——木村靖二／岸本美緒／小松久男／佐藤次高

［カバー表写真］
『ラシード区ワクフ文書』タイトル頁（タブリーズ中央図書館蔵）

［カバー裏写真］
ラシードの神学著作集『ラシード全集』
（カタール，イスラーム美術館蔵）
ヒジュラ暦711年シャアバーン月～ラマダーン月（1311年12月～12年2月），
タブリーズで書写。

［扉写真］
14世紀イラク地方で，中国の織技法を取り入れてつくられたタペストリ
（デイヴィッド・コレクション蔵）
モンゴル君主を中央におき，モンゴルのアミール（左）と
イラン系またはアラブ系の宰相（右）を描いていると考えられる。

世界史リブレット人23

ラシード・アッディーン

モンゴル帝国期イランの「名宰相」

Watabe Ryoko
渡部良子

目次

問い直されるモンゴル帝国時代史と「名宰相」像

本書は、十三〜十四世紀、モンゴル帝国時代のイランに生きた医師、政治家、歴史家ラシード・アッディーン（一二四九〜一三一八）の生涯をたどる試みである。ラシード・アッディーンとは何者か、というと、たいていはこのように説明されるだろう。西アジアにおけるモンゴル帝国の分家、イル・ハン朝で公式にイスラームに改宗し、改革政治をおこなった第七代君主ガザン（在位一二九五〜一三〇四）を支えた「名宰相」、そして「世界最初の世界史」とされるペルシア語史書『集史』を編纂した歴史家である、と。現代イランの歴史教科書を開くと、モンゴル襲来で大きな打撃をこうむったイランの社会・文化の復興に寄与したイラン系政治家・知識人として、ナスィール・アッディーン・トゥー

▼モンゴル帝国（十三〜十四世紀）　モンゴル高原でチンギス・ハンが統合した遊牧連合国家が、ユーラシア東西へ侵攻し樹立した大帝国。北西ユーラシアから東アジアまでの広大な領域が、チンギス家の四ウルス（「国、民」を意味）の支配下におかれた。

▼イル・ハン朝（一二六〇頃〜一三五七年）　チンギス・ハンの四男トルイの三男フレグが、イラン高原を中心とする西アジア征服地に興したウルス。第七代君主ガザンの治世にムスリム王朝となる。モンゴルによる支配の影響下、国家・社会制度、思想、文化、芸術、文学など多様な領域でイラン史上重要な変化・発展が生じた時代となった。

スィーやジュワイニー兄弟とともに、ラシードの名はかならずあがっている。ガザンとその後継者オルジェイトゥ（在位一三〇四〜一六）の治世、イスラーム化以後のイル・ハン朝で二〇年にわたり権力を握り、『集史』のほかにも数々のイスラーム神学書や科学書を著し、ラシード区と呼ばれる学術センターを設立したその旺盛な政治・文化活動は、たしかにセルジューク朝のニザーム・アルムルク▲などと同じく、イラン史上の「名宰相」の一人と呼ぶにふさわしい。

しかし、その名声に比して、その権力の実像がとらえがたい人物でもある。ガザン治世以前のラシードの生涯については、ほとんど情報が残っていない。ユダヤ教徒の医師の一族に生まれた彼が、いつ頃イスラームに改宗▲したのかについても諸説ある。本書ではマムルーク朝の史家アイニー▲による三〇歳という説に従っておくが、これも仮説にとどまることを断っておかねばならない。一転、多数の史料が残るその後半生についても、ワッサーフ▲やムスタウフィー▲ら、ラシードをパトロンとした史家たちが描くラシード像は、彼を理想化しすぎるきらいがある。一方、ある理由でラシードを厳しく非難していたカーシャーニー▲の『オルジェイトゥ史』は、ラシードが宮廷で陰謀や権力の私物化に生きた

▼ニザーム・アルムルク（一〇九二没）　セルジューク朝第二代君主アルプ・アルスラーンと第三代マリクシャーのワズィール。イクター制施行を含む行政・軍の改革、スンナ派体制の擁護・人材育成を目的としたニザーミーヤ学院の設立など、統治体制の基盤を築いた。

▼ラシードのイスラーム改宗の時期　ラシードの改宗に関する同時代史料はなく、父の代（ラシードが生まれる前）からガザン即位後など、さまざまな推測がされてきた。本書では、カモラによる伝記的研究の検証に従い、アイニーの年代記中のラシード死亡記事に示された三〇歳という時期を妥当とする説を取る。

▼アイニー（一四五一没）　マムルーク朝期のウラマー、歴史家。年代記『世の人々の歴史における真珠の首飾り』ほか多数の著作がある。

▼ワッサーフ（一三三四没）　イラン南西部ファールス州の都市シーラーズ出身の文人で、同地の財務官も務めた。ラシードの庇護を受け、ジュワイニー『世界征服者の歴史』の美

さまを、執拗なまでに批判的に描いている。毀《き》誉《よ》褒《ほう》貶《へん》のある権力者としてのラシード像が浮かび上がってくるが、実は彼が「宰相」としてどのような地位を占めていたのかも、はっきりしないのである。

前近代西アジア・ムスリム諸王朝における宰相職にあたるのは、アッバース朝（七五〇～一二五八年）時代、統治機構の発展のなかで登場したワズィール▲である。カリフの「助力者」を意味し、行財政機関ディーワーン▲の長サーヒブ・ディーワーン（ディーワーン長官）たちの頂点に立つワズィールの職は、アッバース朝下に成立した他のムスリム諸王朝にも継承された。しかしラシードは、ペルシア語・アラビア語史料で「ワズィール」と呼ばれているものの、実際にディーワーンの行財政統括者であったことはない。ラシードの権勢の二〇年間は、イラン系のワズィールが二人並び立つという、イル・ハン朝でもやや変則的な体制がとられた時代であった。

ラシードが握った権力、担った役割は、イル・ハン朝史上、おそらくはイラン史上でも、特異なものであったといえるかもしれない。いったいラシードはいかなるワズィールであったのか、これは彼を生んだモンゴル政権イル・ハン

文体による続編『地域の分割と歳月の推移』（『ワッサーフ史』）を著した。

▼ムスタウフィー（一三四四頃没）　イラン西北部の都市カズヴィーン出身で、ガズナ朝時代からの財務官名家に生まれる。ラシードのもとで歴史学に関心をもち、普遍史『選史』、フィルダウスィー『王書』を範とした韻文史『勝利の書』などを著した。

▼カーシャーニー（一三二三／四以降没）　製陶の地カーシャーンの製陶技師一族の出身。著書に鉱物学書『鉱石の花嫁』、普遍史『歴史精髄』およびオルジェイトゥ治世の年代記『オルジェイトゥ史』がある。

▼ワズィール　前近代ムスリム諸王朝の行財政統括者。王朝の権力構造によりその役割は異なるが、イラン高原のテュルク系諸王朝では、おもに文書・財務をつかさどるイラン系実務官僚のワズィールが活躍した。モンゴル帝国時代のペルシア語史料では、ウルグ・ビチクチ（大書記）もしばしばワズィールと呼ばれている。

朝の時代が、前近代イスラーム期イラン史・西アジア史においていかなる時代だったのかを問うことにもつながる。そしてそこにこそ、「名宰相」ラシードの生涯と事績を問い直す意義があると、筆者は考えている。

　チンギス・ハン（在位一二〇六〜二七）が打ち立てた、モンゴル遊牧部族連合を支配層としたユーラシア大陸東西にまたがる大帝国、モンゴル帝国の出現は、世界史上の大事件の一つであった。だが、近代における最初の本格的モンゴル帝国史とされるドーソン▲の『モンゴル帝国史』が示すように、長くモンゴルは「野蛮な遊牧民の征服者」というイメージとともに語られてきた。とくに、モンゴルの征服と支配を受けた地域、元朝▲支配下におかれた中国、ジョチ・ウルス▲の侵攻・支配を受けたロシアや東欧、そしてイル・ハン朝のイランでは、モンゴル時代を社会や経済、文化に打撃を受けた負の時代とみなす歴史認識が、根強く続いた。

　二十世紀後半以降、モンゴル帝国時代史研究は大きく変化した。「モンゴルの平和」とも呼ばれる、モンゴル統治下におけるユーラシア東西の陸海ルートの活性化、豊かな経済・文化交流の意義があらためて評価され、またモンゴル

▼ディーワーン　原義は「帳簿」。第二代正統カリフ・ウマル（在位六三四〜六四四）時代に制定されたアラブ戦士の登録簿が、政庁を表す用語となり、ウマイヤ朝・アッバース朝で行財政諸機関として発達し、後代のムスリム諸王朝に継承された。

▼アブラハム・コンスタンティン・ムラジャ・ドーソン（一八五一没）イスタンブル生まれのアルメニア人で、スウェーデンの外交官。アラビア語・ペルシア語・ラテン語・アルメニア語などの史料を渉猟し、包括的・詳細なモンゴル帝国史『チンギス・カンよりティムール・ベイすなわちタメルランに至るモンゴル族の歴史』（一八二四〜三五年）を著した。

▼元朝（一二七一〜一三六八年）　フレグの兄であるモンゴル帝国第五代皇帝クビライ（在位一二六〇〜九四）が、帝国の中心を華北に移し樹立したウルス。モンゴル高原から中国・チベット・朝鮮半島を支配し、モンゴル遊牧国家と中華帝国の性格をあわせもつ統治体制を形成した。

▼ジョチ・ウルス（十三〜十八世紀）　チンギス・ハンの長男ジョチ（一二二五没）の次男バトゥ（第二代君主、在位一二二七〜五五／五六）の西征により築かれた、中央ユーラシア西方キプチャク草原を中心とするウルス。ルーシ諸国に対する支配はのちに「タタールのくびき」とされる歴史認識を形成した。十四世紀以降衰退・分裂するが、ロシア帝国の中央アジア併合までその王統は続いた。

現代イランの国定教科書（小学五年・社会科）**の挿絵「モンゴルのイラン侵攻」**

の統治政策が国家制度や社会に与えた影響の重要性が、史料の増加により具体的に検証されるようになった。そして二十一世紀の現在、グローバル・ヒストリー研究の発達は、グローバルな歴史の変動のなかで、十三〜十四世紀モンゴル帝国時代がもった役割を、より多角的な視座から位置づけようとしつつある。

　だが、このようなモンゴル帝国時代史研究の発達は、それぞれの地域におけるモンゴルの征服と支配に対する歴史認識をも変化させただろうか。おそらくそうとはいえない。筆者が研究するイランや中東地域では、モンゴル襲来に関わるさまざまな負のイメージ、侵略者・破壊者のシンボルとしてのモンゴル像は、現代でも繰り返し想起され続けている。モンゴルの時代は、いまだに歴史認識のなかに位置づけがたい時代であり続けているのである。

　ラシードという「名宰相」の像も、このようなモンゴル時代に対する評価とともにあった。「未開」のモンゴルの支配者たちを、イラン・イスラーム文化へ導いた宰相、あるいは「モンゴルの平和」の東西文化交流を体現するコスモポリタン知識人。そのような、モンゴル時代の正・負のイメージと表裏をなすラシード像も、近年、あいつぐ新研究により急速に問い直されつつある。

本書は、これらの近年の研究にもとづきつつ、イラン史上でも特異な「ワズィール」であったラシードの生涯▲が、いかにイル・ハン朝期イランの政治・社会・文化の多様な問題を反映したものであったかを、描いていきたいと思う。イラン社会は、どのようにモンゴルの征服と支配を受容したのか。ムスリム諸王朝の統治の伝統が確立していた西アジアで、新たに誕生したモンゴル政権イル・ハン朝は、どのような政治的・社会的問題に直面することになったのか。そして西アジアのイスラーム社会は、モンゴルの存在を前に、「他者」と相対する「自己」の問題にどのように向き合ったのか。イスラーム社会においてマイノリティ・他者として遇されてきたユダヤ教徒からの改宗者でありつつ、イスラーム改宗後のイル・ハンたちのために新生モンゴル・イスラーム国家をデザインしようとしたラシードは、まさにこれらの問いを生きた人間であった。ラシードの生涯と彼が残した遺産のなかに、西アジア・イスラーム史における「モンゴルの時代」はどのような姿でとらえることができるのだろうか。その試みを始めてみたい。

▼ラシードの生年　ラシードの生年についてはさまざまな説があり、従来は神学著作中の自伝的記述にもとづいてヒジュラ暦六四五／一二四七～四八年とされてきたが、記述の再検討によりヒジュラ暦六四七／一二四九～五〇年または六四八／一二五〇～五一年との説が現在では示されている。本書はラシードの生年を一二四九年とし、それにもとづき彼の生涯を追っていくことにする。

①—モンゴル帝国のイラン征服とイル・ハン朝の成立

イランのユダヤ教社会

諸史料が伝えるラシードの名は、ラシード・アッディーン・ファドゥルッラー・イブン・アブルハイル・ハマダーニーという。ラシード・タビーブ（医師ラシード）の自称もよく用いていた。ラシード・アッディーンは「正しく導かれた者」を意味するラカブ（尊称）、ファドゥルッラーは「アッラーの恩寵《おんちょう》」というイスム（名）、イブン・アブルハイルは「アブルハイルの息子」のナサブ（父称）、ハマダーニーは「ハマダーン出身者」のニスバ（出自）であるが、この名はラシードがもつ歴史的背景について、多くのことを教えてくれる。

イラン中西部の歴史的な地方都市ハマダーン▲は、イラン高原におけるユダヤ教徒の歴史の重要な舞台の一つでもあった。アケメネス朝（前五五〇～前三三〇年）の君主クセルクセス一世（在位前四八五～前四六五）の妃となり、多くのユダヤの民の命を救った伝説の女性、聖書「エステル記」の主人公エステルの墓廟がこの都市にあることからも、同地のユダヤ教社会の歴史の長さが理解できる。

▼**ハマダーン**　現イラン・ハマダーン州の州都。ギリシア語史料でエクバタナと呼ばれ、メディア王国（前八世紀末～前五五〇年）やアケメネス朝の都がおかれた、イラン高原最古の都市の一つ。イスラーム時代も主要地方都市としてブワイフ朝（九三二～一〇六二年）・セルジューク朝の統治拠点となった。

▼**「バビロン捕囚」**（前五八六～前五三八年）　新バビロニア王国ネブカドネザル二世によるユダ王国（前九三一頃～前五八七／六年）への侵攻とエルサレムの神殿破壊、住民の強制移住によって、ユダヤの民がバビロニアで虜囚状態におかれた時代。キュロスによる解放後、エルサレムに帰還した人々により第二神殿が建設されたが、バビロニアでもユダヤ教学の伝統が長く継承された。

▼**ユダヤ・ペルシア語**　ユダヤ教徒がヘブライ文字で伝えたさまざまな言語のユダヤ方言の一つ。イラン高原から中央アジアまでのペルシア語圏の各地で継承された。現アフガニスタンのタンゲ・アザーオで発見された七五二年の碑文は、イスラー

イラン高原におけるユダヤ教社会の歴史は、アケメネス朝のキュロス二世（在位前五五九〜前五三〇）による新バビロニア王国征服と、「バビロン捕囚▲」解放の時代に遡る。キュロスの許可で再建されたエルサレムの神殿（第二神殿）がローマ帝国により破壊された（後七〇年）後、長くユダヤ教学の中心は、アルサケス朝パルティア（前二四七〜後二二四年）、ついでサーサーン朝（二二四〜六五一年）の版図であったバビロニア（現イラク中部）におかれていた。七世紀のアラブ・イスラーム勢力による征服までのイラン高原におけるユダヤ教社会の広がりは、八世紀のものとされるユダヤ・ペルシア語▲碑文・文書がアフガニスタンや中央アジアで発見されていることからもうかがい知ることができる。ムスリム諸王朝の支配下、ユダヤ教徒はズィンミー（庇護民▲）の処遇を受け、マイノリティとしての社会を営みながら、医者・科学者・行政官など専門的知識を要する分野で活躍する人々を輩出していった。十二世紀後半〜十三世紀初めのハマダーンのユダヤ教社会は、約三万の人口を擁し、アッバース朝帝都バグダードでバビロニアの伝統を継承し営まれていた律法教育につながるイェシバ（学塾）もあった。ハマダーン出身の元ユダヤ教徒医師というラシードの出自の背

ム時代における現存最古のペルシア語文書の一つとみなされる。

▼ズィンミー（庇護民）　ムスリム王朝の統治下で、ズィンマ（生命・財産の安全の保障）を与えられた非イスラーム教徒。ジズヤ（人頭税）の支払いのほか、一定の義務を負うことで信教と自治を保障された。

▼サッファール朝（八六七〜一〇〇三年）　イラン南東部スィースターンで、アイヤール（任侠）の銅細工師（サッファール）ヤークーブ・ライス（在位八六七〜八七九）が興した独立政権。弟アムル（在位八七九〜九〇二）の時代にアッバース朝から統治権を公認されるが、サーマーン朝に領土を奪われて滅んだ。

▼サーマーン朝（八七五〜九九九年）　中央アジア南西部マー・ワラー・アンナフル総督に任じられたディフカーン（イラン系地方有力者）が自立し興した王朝。テュルク系遊牧民グラーム（奴隷）を扱う交易で財力を得、王都ブハラの宮廷では最初のペルシア語文芸の開花がみられた。

景には、このような西アジア、イラン高原におけるユダヤ教徒の長い歴史があることを、まず知る必要がある。

モンゴル帝国のイラン侵攻とラシード家

九世紀、アッバース朝が衰退すると、イラン高原にはサッファール朝やサーマーン朝などのイラン系独立地方王朝が成立した。しかし十世紀以降、この地の政治的主導権を握るようになったのは、中央アジアから進出したテュルク系遊牧民であった。九世紀にまず軍事奴隷（マムルーク、グラーム）として連れてこられたテュルク系遊牧民の活躍は、十一世紀、オグズ＝トゥルクマーン遊牧集団の西アジア流入によって、さらに本格化していく。イラン高原はグラーム軍人が樹立したガズナ朝（九七七〜一一八七年）、トゥルクマーンの遊牧王朝セルジューク朝（一〇三八〜一一九四年）など、テュルク系軍事王朝の支配下におかれるようになった。そこで行政実務を担ったのは、タージークと呼ばれたイラン系官僚たちであり、ペルシア語が行政・文学の言語として発展・成熟した。モンゴル襲来以前、イラン高原ではすでに、「遊牧民の出自をもつ《異民族》政

▼テュルク　ここでは北アジアの遊牧世界に起源をもつテュルク諸語を話す人々を指す。八世紀のウイグル帝国分裂後に中央アジアへ南下し（中央アジアのテュルク化）、さらにイスラームと接触して西アジアへ進出、中央アジア・西アジアのムスリム諸王朝の興亡に多大な影響を与えた。

▼トゥルクマーン　ペルシア語で「テュルクに似たもの」。十世紀後半イスラームを受容したテュルク系オグズ族に対する、ムスリムの著作における呼称。十一世紀セルジューク朝とともに西アジアへ流入し、アナトリアのベイリク（君侯国）、オスマン朝、十五世紀北西イランのトゥルクマーン諸王朝など、強力な軍事王朝を樹立した。

▼タージーク　もとは七世紀以降の大征服で中央アジアに移住したアラブ・ムスリムを指したが（漢文史料の「大食」）、テュルク系遊牧民の中央・西アジア進出とともに非テュルク（おもにイラン系）定住民を指す言葉になった。

▼ペルシア語　九世紀頃に成立し

権の定住社会統治」が基本的な政治構造となっていたことに、注意しておく必要があるだろう。

モンゴル襲来前夜、十二世紀末〜十三世紀初の西アジアは、セルジューク朝滅亡後にイラン高原〜中央アジアの覇権を握ったホラズムシャー朝(一〇七七〜一二三一年)、アナトリアのセルジューク朝分家ルーム・セルジューク朝(一〇七七〜一三〇八年)、各地のアタベク政権などが競合する、群雄割拠状態にあった(一一頁地図参照)。その支配領域をイラク地域に縮小していたアッバース朝は、第三四代カリフ・ナースィル(在位一一八〇〜一二二五)のもとで最後の権威回復を試みており、英雄サラーフ・アッディーン(在位一一六九〜九三)が創始したシリア・エジプトのアイユーブ朝(一一六九〜一二五〇年)も、内政混乱を抱えつつ、なお続く十字軍の侵攻に対峙していた。アイユーブ朝以前にエジプトを支配していたシーア派政権ファーティマ朝(九〇九〜一一六九年)から分離独立したニザール派▲は、アルボルズ山脈西部アラムート渓谷を中心とする難攻の城塞群を拠点に、イラン高原からシリアに勢力を広げていた。

モンゴル襲来は、この政治地図を大きくぬりかえた。一二一八年にカラ・キ

たアラビア文字表記の近世ペルシア語。サーマーン朝で最初の文芸が開花し、テュルク系のガズナ朝・セルジューク朝のもと、行政・文学の言語として発展した。その後ペルシア語話者地域をこえてアナトリア、中央アジア、南アジアなど広域に拡大し、共通語として大きな影響力をもった(ペルシア語文化圏)。

▼ニザール派　預言者ムハンマド没後、その従弟である第四代カリフ・アリー(在位六五六〜六六一)の直系子孫を正統なイマーム(指導者)と信じるイスラームの少数派シーア派のなかで、イマーム位後継をめぐって生じた分派の一つ。イスマーイール派(第六代イマームの子イスマーイールをイマームとする)が北アフリカに興したファーティマ朝でイマーム後継問題が生じた時、敗れたニザールを支持したイラン方面の教宣者ハサン・サッバーフ(一一二四没)が樹立した。独自の教義を発展させるとともに、スンナ派諸王朝や十字軍との抗争で要人暗殺の戦法を用い、ヨーロッパで「暗殺教団(アサシン)」伝説が流布する原因となった。

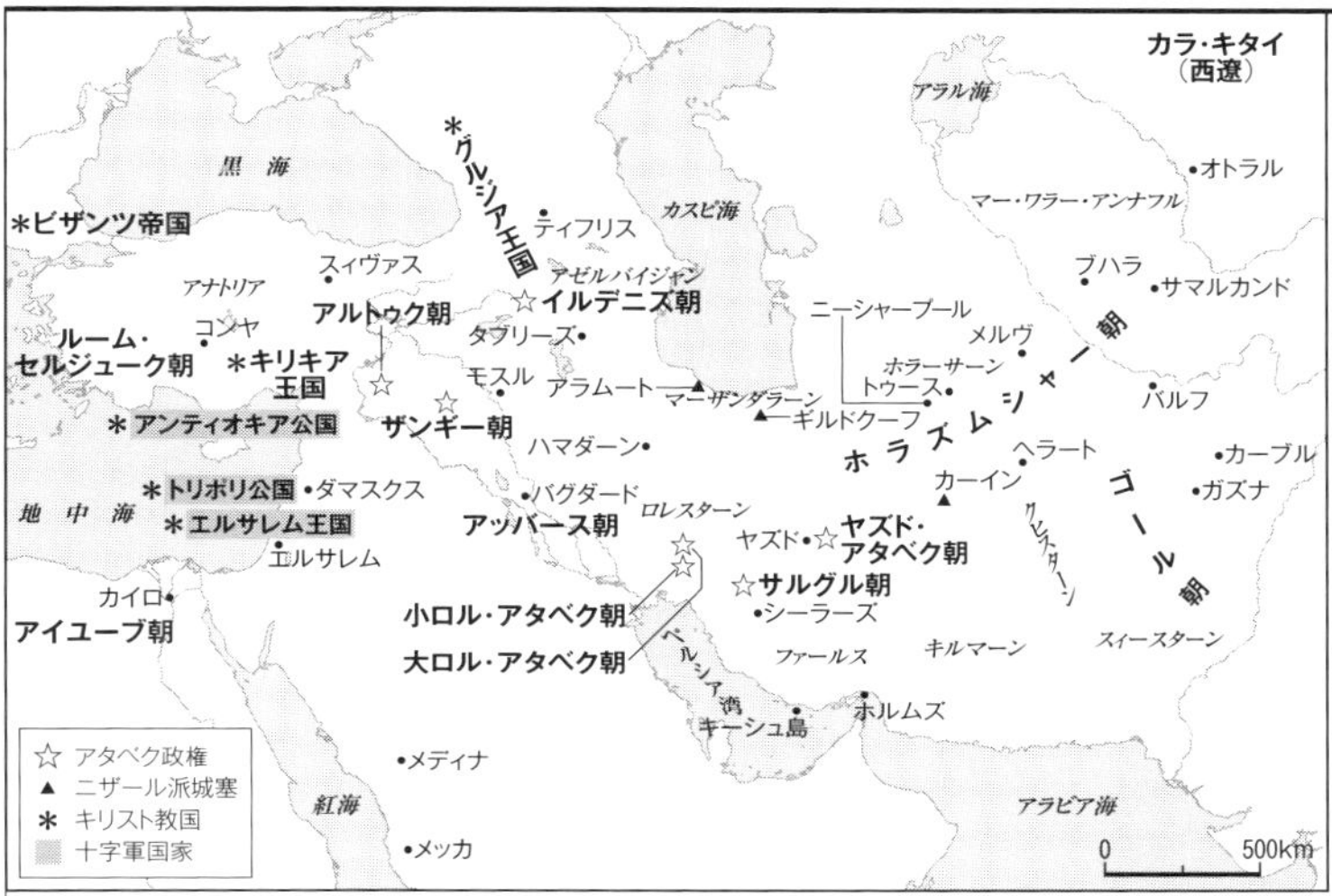

●—モンゴル襲来前夜の西アジア（十三世紀初め）

●—**アタベク諸政権**　アタベク（テュルク語でアタ「父」＋ベク「将軍」）はセルジューク朝王子の養育係に与えられた称号。王朝末期の内紛のなかで権力を握ったアタベクや，アタベク号を称した軍事エリートにより樹立された独立政権が，モンゴル襲来まで各地に割拠していた。

☆ザンギー朝（1127 ～ 1251 年，イラク北部～シリア）
アタベク・ザンギーがモスルで自立し興した王朝。その子ヌール・アッディーン（在位 1146 ～ 74）治世に対十字軍戦を牽引したが，その後臣下のサラーフ・アッディーンが興したアイユーブ朝にシリアを奪われ，モスルもモンゴルに臣従したバドル・アッディーン・ルウルウ（在位 1234 ～ 59）に簒奪されて，消滅した。

☆アルトゥク朝（12 世紀初～ 15 世紀初，アナトリア東部～イラク北部）
アナトリア東部でテュルク系集団の指導者アルトゥク（1091 没）が興した王朝。マールディーン（現トルコ東部）の政権がモンゴルに臣従し，15 世紀まで存続した。

☆イルデニズ朝（1135 ～ 1225 年，アゼルバイジャン）
セルジューク朝トゥグリル 2 世の王子のアタベク，イルデニズ（在位 1135 ～ 75）が興した王朝。モンゴルとホラズムシャー朝の抗争期，ホラズムシャー・ジャラール・アッディーンに首邑タブリーズを奪われ，滅びた。

☆ハザーラスプ朝（大ロル，1155 ～ 1424 年），ホルシード朝（小ロル，1184? ～ 1597 年）
イラン南西部ザグロス山脈地帯ロレスターン地方で，クルド人やロル人などからなる在地勢力が，アタベク称号を得て樹立した地方政権。モンゴルに臣従して存続し，とくにハザーラスプ朝宮廷はイル・ハン朝下地方におけるペルシア語文芸の拠点にもなった。

☆サルグル朝（1148 ～ 1282 年，ファールス）
セルジューク朝とともに移住したトゥルクマーン・サルグル氏族の子孫が，イラン南西部古都シーラーズを支配し成立した王朝。アタベク・アブー・バクル（在位 1226 ～ 60）がオゴデイ期にモンゴルに臣従する。後継者サアド 2 世（詩人サアディーの庇護者）の娘で最後のアタベク，アビシュ・ハトン（在位 1263 ～ 84）はフレグの 11 男モンケテムルと結婚したが，イル・ハン朝による統治への介入で実権を失い，その死去とともに王朝も断絶した。

☆ヤズド・アタベク朝（12 世紀～ 14 世紀初，ヤズド）
ブワイフ朝期（932 ～ 1062）のダイラム系の有力家系カークーヤ家のアタベクに任じられ，ヤズドの統治権を得たセルジューク朝軍人による王朝。オゴデイ期にモンゴルに臣従し，イル・ハン朝の支配に服したが，ガザン期に弾圧を受けて衰微した。

タイ(西遼、一一三二〜一二一一年)の勢力圏を征服し、ホラズムシャー朝の勢力圏に迫ったチンギス・ハンは、同年、シル川中流域の都市オトラルで起きたホラズムシャー朝総督によるモンゴル使節団殺害(オトラル事件)をきっかけに、西方侵攻を開始した。中央アジアとイラン高原東部ホラーサーン地方の主要都市は、次々にモンゴル軍に制圧された。チンギス・ハン没後、各地を転戦しながらモンゴルに対抗し続ける最後のホラズムシャー、ジャラール・アッディーン(在位一二二〇〜三一)に対し、一二二八年、チンギスの四男で監国《かんこく》として国事を取り仕切っていたトルイ(一二三二没)と三男オゴデイは、スニート族の将チョルマグンを派遣する。ジャラール・アッディーンを破りイラン高原北西部アゼルバイジャン地方を掌握したチョルマグン隊は、辺境駐留軍タマ軍▲となり、フレグ西征軍到来までの西アジア方面の軍事活動を担った。

モンゴル襲来はイスラーム社会に衝撃を与え、イブン・アスィール▲の『完史』をはじめ、モンゴル軍による破壊・殺戮の悲劇を後世に強く印象づける史家たちの記録を生み出すことになった。しかし、一二二九年に第二代皇帝に推戴されたオゴデイ(在位一二二九〜四一)のもと、征服地統治体制が整えられて

▼タマ軍(探馬赤)　モンゴル帝国征服地に派遣された駐留軍。モンゴル軍と現地徴集兵員で編成された。西アジアにはチョルマグンが率いた北西イラン方面タマ軍、およびオゴデイ即位後その後援に派遣された北インド方面タマ軍の二隊があり、イル・ハン朝成立後、双方ともイル・ハン軍に吸収された。

▼イブン・アスィール(一二三三没)　ザンギー朝に仕えた歴史家。天地創造から一二三一年までの編年体のイスラーム世界史『完史』は、タバリーの『諸使徒と諸王の歴史』(十世紀)とともにアラビア語イスラーム歴史叙述の範とされる。

▼カラ・ヒタイ朝(一二二二〜一三〇六年)　クトルグ・ハン朝。モンゴル帝国のカラ・キタイ征服後、軍人バラク・ハージブ(一二三四没)がイラン南東部キルマーンを支配し樹立した王朝。イル・ハン朝の属国となるが、オルジェイトゥの治世に廃絶された。

いくと、多くの地方政権がモンゴルに恭順を示した。南東部キルマーンのカラ・ヒタイ朝▲やヘラートのカルト朝▲など、モンゴルに臣従して台頭した新勢力や、イラン征服地の経営に参画する在地官僚も現れた。

イラン征服地の統治を担ったのは、皇帝により任命された総督（アミール）▲であった。フレグ西征まで四代の総督が、ホラーサーンの都市トゥースに政庁（ペルシア語史料では、ムスリム王朝の行財政機関ディーワーンの名で呼ばれた）をおき、チンギス各王家のビチクチ（書記）、在地の財務官僚であるサーヒブ・ディーワーン（ディーワーン長官）とともに活動し、西アジア征服地で権益を分与された王族・功臣への利益分配を管理したと考えられる。西アジアの征服地では北西ユーラシア征服を担った長男ジョチ家の力が強く、これはその後のチンギス家の皇位継承争いにからんで、総督のイラン経営、さらにイル・ハン朝の成立にも複雑に影響してくることになった。

オゴデイ没後、チンギス・ハン四子（ジョチ、チャガタイ、オゴデイ、トルイ）の四王家は、皇位継承をめぐり対立を深めていく。五年の空位をへて即位したオゴデイの子グユク（在位一二四六～四八）の短い治世のあと、再び三年の紛糾

▼カルト朝（一二四五～一三八九年）　ホラズムシャー朝に滅ぼされたゴール朝（一一〇〇?～一二一五年）の旧臣の子シャムス・アッディーンが、皇帝モンケからヘラート（現アフガニスタン西部）の支配権を授与されて樹立した王朝。イル・ハン朝の属国として対チャガタイ・ウルス東方境界防衛を担い、イル・ハン朝解体後はホラーサーンの有力勢力となるが、ティムールの遠征で滅ぼされた。

▼モンゴル帝国のイラン総督（アミール）　西アジア征服地統治機関は、『元史』で「阿母河等処行尚書省」（アム川方面の地方財務庁）と呼ばれた。チョルマグン隊派遣の際に兵站を命じられた初代チン・テムル（カラ・キタイまたはオングト族、在任一二三〇頃～三五／六）以下、ノサル（ケレイト族、一二三五／六～三九）、クルグズ（ウイグル人、一二三九～四三／四）、アルグン・アカ（オイラト族、一二四三／四～五六）が就任した。アルグン・アカ以外の総督はいずれもジョチ家とつながりがあった。

▼**コプチュル税**　モンゴル語で「取り集めるもの」を意味し、遊牧民兵士から徴収した家畜・牧畜生産物を指した。定住社会征服とともに人口調査にもとづく征服地住民からの軍費・賦役徴発にも適用され、モンケ時代、一定年額の人頭税に整備された。イル・ハン朝では反復徴収が納税者の大きな負担になった。

▼**フレグ**　イル・ハン朝創始者（在位一二六〇頃自立〜六五）。トルイとケレイト族出身の正妃ソルコクタニの三男。

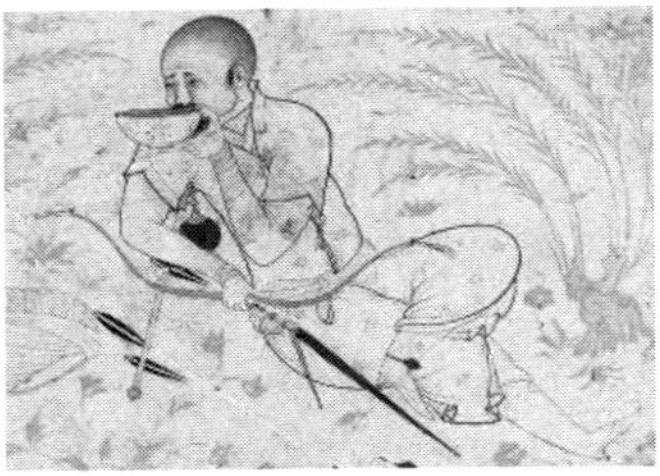

フレグの肖像と記された十六世紀の絵画（大英博物館蔵）

をへて第四代皇帝に即位したトルイの長男モンケ（在位一二五一〜五九）は、対立したオゴデイ家とチャガタイ家を弾圧する一方、華北・中央アジア・西アジアの統治機関の再編、コプチュル税▲の制定など帝国統治の再整備をはかり、弟のクビライとフレグ▲を中国、西アジアへそれぞれ派遣した。

フレグの西征の任務は、ニザール派の制圧、アッバース朝カリフへの恭順の要請、そして征服地のさらなる西方への拡大であった。モンケの命を受け各王家が供出した兵で構成された西征軍は、一二五三年帝都カラコルムを出立し、一二五六年一月一日イランに侵攻した。イラン東部地域では、先鋒キトブカによりニザール派諸城塞の攻略が進められていた。フレグはニザール派本拠アラムートへ進軍、城塞を包囲・征服し、一五〇年以上続いた同派の活動を壊滅させた。

このニザール派討滅に関する『集史』の記述に、ラシードは、自身の家族がモンゴルに仕えることになった経緯を示唆する短い記述を挿入している。アラムートの城塞陥落時、当時その地にいたシーア派の大学者ナスィール・アッディーン・トゥースィーとともに、「偉大で信頼される医師でありハマダーン出身の」ムワッファク・アッダウラとその息子たちが投降し、フレグに仕えるこ

アラムートのニザール派城塞趾

フレグ軍のバグダード征服（『ディーズ・アルバム』、ベルリン国立図書館蔵）

とになった、というものだ。このムワッファク・アッダウラが、ラシードの祖父である。なぜ一家はアラムートにいたのか。推測になるが、モンゴル侵攻による政情不安のなか、学術活動の拠点でもあったニザール派城塞へ、医師のラシード一家が避難する選択をしたことはありえただろう。そして学者を重用したモンゴルの支配者フレグが、一家に庇護を与えたのも、自然なことだったと考えられる。この時、ラシードはまだ七歳ほどの少年であった。

イル・ハン朝の成立

ニザール派制圧後、フレグはアッバース朝帝都バグダードへ向かった。カリフの恭順を要請する交渉は決裂し、一二五八年二月十日、バグダードは征服され、約五〇〇年続いたアッバース朝は滅びた。バグダードから北上し、タマ軍の拠点アゼルバイジャン地方を掌握したフレグは、アイユーブ朝王族支配下のシリアへ軍を進めた。しかしその直後の一二六〇年、モンケの訃報が届き、フレグは軍をキトブカに委ねてアゼルバイジャンへ帰還する。進軍するキトブカ隊は、アイン・ジャールート（現イスラエル北部）で、エジプトの新興王朝マム

▼バイバルス（在位一二六〇〜七七）　マムルーク朝を興したアイユーブ朝マムルーク軍人の一人。権力抗争でシリアに亡命していたが、モンゴルの侵攻に際して抗戦を主張、クトゥズとともにキトブカを破った。王位簒奪・即位後は対モンゴル・対十字軍政策を含む対外政策、統治制度整備を進め、マムルーク朝の基礎を築いた。

バイバルスの貨幣（カイロ、一二六一／二年）　表面（右）に信仰告白「アッラーのほかに神は無く、ムハンマドはアッラーの使徒である」の文言、裏面（左）にはバイバルスの称号の後に「信徒の長（カリフ）の共同者（カスィーム）」の銘がある。

ルーク朝（一二五〇〜一五一七年）の第四代スルターン・クトゥズ（在位一二五九〜六〇）と将バイバルス▲により破られた。このアイン・ジャールートの戦いでモンゴルの西方進出は打ち止めとなり、その後もイル・ハン朝はマムルーク朝版図に組み込まれたシリアへたびたび遠征を試みたが、西方への領土拡大に成功することはなかった。この戦いの直後にクトゥズを殺害し王位を簒奪したバイバルスは、アッバース朝王族を傀儡《かいらい》カリフとして擁立した（カイロ・アッバース朝、一二六一〜一五一七年）。そしてジョチ家と対イル・ハン朝同盟を結び、東地中海地域の十字軍勢力の掃討戦を開始して、異教徒のモンゴル・十字軍に抗するイスラームの擁護者としてのマムルーク朝の正当性を確立していく。

モンケ没後、皇位継承争いが、今度はトルイ家のクビライと末弟アリクブケの間で始まった。情勢をみたフレグは、軍とともにイランにとどまることを選んだ。この西方征服地のいわば実効支配によって、イル・ハン朝が成立した。「イル・ハン」とはフレグが用いた称号で、「イル」は「臣従」、すなわち「臣従の王」を意味する。皇帝の権威のもとでの支配正当化を意図したものだったと考えられる。

モンケ死後の継承争いは、帝国の分裂を決定づけた。一二六四年、クビライはアリクブケを破り皇帝の地位を固めたが(在位一二六〇〜九四)、オゴデイ家のカイドゥ▲はこれに抗し、チャガタイ家を巻き込んで中央アジアで三〇年にわたり反抗を続けた。カイドゥ没後、一三〇五年の和議▲で帝国は平穏を取り戻すが、この過程で成立した四つのウルス(国)、すなわち北西ユーラシアとロシアを支配したジョチ・ウルス、カイドゥ没後に中央アジア支配を確立したチャガタイ・ウルス▲、クビライが帝国の中心を華北へ移し樹立した元朝、そしてフレグ家のイル・ハン朝は、一族間の交渉は保ちつつも、独立政権として分立していく。イル・ハン朝の版図は、アム川からティグリス・ユーフラテス川流域までのイラン高原とイラク地域、さらにアナトリア、コーカサスにおよび、かつてのサーサーン朝の版図にほぼ相当した。ムスタウフィー『心魂の歓喜』▲でイル・ハン朝版図が「イーラーン・ザミーン(イランの地)」と呼ばれていることを、イスラーム征服以後、その版図に包含されて影を潜めていた「イラン」の地理的概念の復活と考える説もある。イル・ハン朝のもと、イラン高原は再び自立的な世界としての歴史を歩み始めたのである。

▼カイドゥ(一三〇一没)　オゴデイ五男カシンの子。モンケの弾圧により衰退していたオゴデイ家を再興し、チャガタイ家を影響下におき、元朝への反対勢力を糾合して広大な領域を支配した。しかし彼が元軍との戦いに大敗したのち没すると、オゴデイ家のウルスは再興したチャガタイ家に所領を吸収された。

▼一三〇五年の和議　カイドゥ没後、その子チャパルがチャガタイ家ドゥア(在位一二八二/三〜一三〇六/七)の仲介で元朝第二代皇帝テムル(在位一二九四〜一三〇七)に帰順し、諸王家の元朝皇位承認が実現した。

▼チャガタイ・ウルス　チンギス・ハン次男チャガタイ(一二四二没)の一族が、その所領の中央アジアに形成したウルス。カイドゥ没後、第一一代君主となるドゥア(チャガタイの曽孫バラクの子)により確立された。一三四〇年代、東チャガタイ・ハン国(モグール・ウルス、十六世紀まで存続)、西チャガタイ・ハン国(一三四〇年代後半以降、アミールたちの支配)に分裂した。

●―イル・ハン朝とモンゴル帝国時代のユーラシア

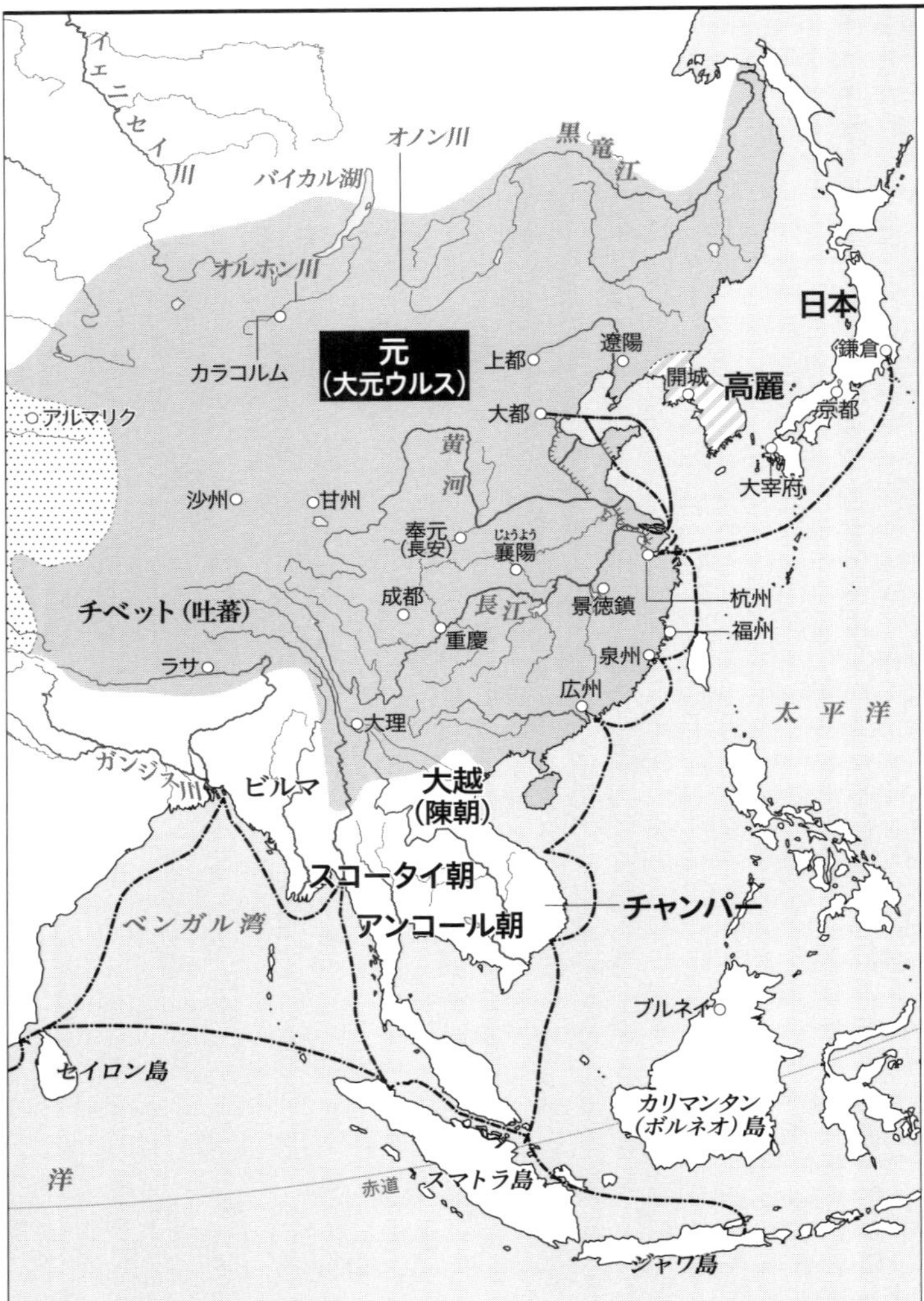

ルーシ諸公国
ポーランド王国
ジョチ・ウルス
オビ川
モスクワ
ヴェネツィア
キエフ
ハンガリー
ヴォルガ川
ドナウ川
サライ
チャガタイ・ウルス
ドン川
ダルバンド
ビザンツ帝国
黒海
コンスタンティノープル
カスピ海
シルヴァーン
シル川
イリ川
地中海
アゼルバイジャン
スルターニーヤ
アム川
タブリーズ
マラーガ
ホラーサーン
サマルカンド
ティグリス川
ユーフラテス川
イラク・アラブ
カズウィーン
カイロ
イェルサレム
イラク・アジャム
バグダード
イスファハーン
ヒッラ
マムルーク朝
イル・ハン朝
キーシュ島
インダス川
ホルムズ
デリー
アラビア半島
ナイル川
デリー・スルタン朝
メッカ
アラビア海
インド
海上交易路
0
1000km

しかし帝国において、フレグ家の西アジア征服地実効支配は、本来認められざるものであった。皇位争い中の一二六二年、フレグはジョチ・ウルス第五代君主ベルケ▲と交戦し、北西境界アゼルバイジャンの領有を勝ち取った。また第二代イル・ハン、アバカ治世の一二七〇年には、チャガタイ・ウルス第七代君主バラク(在位一二六六～七一)のホラーサーン侵攻を撃退し、東北境界の支配が確立する。しかしジョチ、チャガタイ両家の東西境界侵犯はその後も続き、イル・ハン朝は同じトルイ家の元朝皇帝への儀礼的臣従と同盟をもって、他王家に相対した。ユーラシア大陸東西を結んだこの同盟は、イラン社会に東方との史上類のないほど豊かな文化交流をもたらすことになる。

北と東に競合するジョチ家およびチャガタイ家、西にイスラームの擁護者を自認するマムルーク朝と、イル・ハン朝はその成立から敵に包囲され、モンゴル政権としても、西アジア・イスラーム社会を統治する王朝としても、その正当性に問題をはらみつつ出発することになった。この問題は、のちにガザン、オルジェイトゥの支配正当性を政治家・歴史家として擁護する役割を担ったラシードが、取り組む課題となる。

▼『心魂の歓喜』　ムスタウフィーがラシードの子ギヤース・アッディーンのために編纂した博物誌・地理書▲(一三四〇年頃完成)。後半は二〇章からなるイル・ハン朝時代の財務地誌となっており、冒頭に「イランの地」に関する神話に遡る解説がおかれている。

▼ベルケ(在位一二五七～六六)　ジョチの三男でバトゥの弟。モンケ没後の皇位継承の混乱のなか、西征軍中のジョチ家王族の処遇とアゼルバイジャンの領有をめぐりフレグと対立した。また、その過程でマムルーク朝バイバルスと同盟を結んでいる。もっとも早くイスラームに改宗したモンゴル君主とされる。

イル・ハン朝初期の北西イラン知識人社会

　イル・ハン朝がイラン統治の拠点に選んだのは、遊牧に適した環境をもち、また対ジョチ家防衛に有利なアゼルバイジャン地方を中心とするイラン北西部であった。一二五九年、フレグはオルーミーイェ湖東方の小都市マラーガを拠点に選び、ニザール派討滅戦時に庇護し幕下に迎えたナスィール・アッディーン・トゥースィー▲に、天文台を建設させた。その後、アバカによりタブリーズが王都に定められた。地方都市に過ぎなかったタブリーズは、一躍イラン高原有数の大都市・国際都市に成長していく。

　アッバース朝下で長くイスラーム文化・学術の中心であったバグダードの征服は、モンゴルの「蛮行」を象徴する事件のように語られてきた。しかし、書物の廃棄などは、後世に流布した根拠のない逸話である。先にもふれたように、モンゴルはむしろ学者を重用し、民族、宗教・宗派を問わず人材を活用する才に長けた支配者であった。ムスタンスィリーヤ学院▲などの学術拠点は速やかに復興し、バグダードはイル・ハンの冬営地とされたこともあって、イル・ハン

▼ナスィール・アッディーン・トゥースィー（一二〇一～七四）　トゥースのシーア派ウラマー家系に生まれる。イラン東部クーヒスターン、ついでアラムートでニザール派城塞支配者に仕えたのち、フレグの家臣となる。マラーガ天文台で元朝から来た天文学者と協力し編纂した『イル・ハン天文表』（一二七二年頃）は、中国・イスラーム東西天文学の交流を示す。哲学・数学・論理学・神学など多数の著作を残し、とくに神学書『教義学綱要』はアッラーマ・ヒッリーに注釈され、シーア派の主流派である十二イマーム派の神学に影響を与えた。アラビア語史料では、彼はフレグのワズィールと呼ばれることもある。

▼ムスタンスィリーヤ学院　アッバース朝第三六代カリフ・ムスタンスィル（在位一二二六～四二）が設立したマドラサ（学院）。スンナ派正統四法学派すべての教授を最初におこなった。バグダード征服後、ジュワイニーにより再建されるが、ティムールによる征服の打撃で衰退した。一九六三年、ムスタンスィリーヤ大学として再建された。

朝末期まで主要都市の一つであり続けた。しかし、活発な学術活動はマラーガやタブリーズへ移った。そこに生まれたのは、多宗教・多宗派・多文化の知が共存する環境であった。

イル・ハン朝初期を代表する知識人は、前述のシーア派の大学者トゥースィーである。一大学術センターとなったマラーガ天文台を指揮する一方、西征時の外交文書起草、イラン統治に関わる財政論の執筆、全版図のワクフ▲(寄進)財の管理など、文化と統治の両方でフレグに仕えた。学者としてモンゴル君主の信頼を得、助言者として活躍する。トゥースィーには、のちにラシードが担った役割の原形がみてとれるだろう。イル・ハン朝初期の行財政を担ったジュワイニー家(第二章参照)も、バグダードの復興や文化・学術の保護に重要な役割を果たし、スンナ派・シーア派を問わない知識人への支援をおこなった。

バグダードの東シリア教会▲総司教座は、キリスト教徒であったフレグの妃ドクズ・ハトン▲の庇護もあって、長くマラーガに拠点をおいていた。シリア正教会▲の神学者バルヘブラエウス▲は、マラーガやタブリーズで執筆に勤しんだ。イル・ハン朝は、マムルーク朝への対抗のため、モンゴルに対イスラーム同盟の

▼ワクフ　イスラーム法にもとづく寄進。不動産などの財(ワクフ財)の処分権を停止(ワクフ)して神に帰し、その収益を恒久的にモスクやマドラサなどの運営に使用するようワクフ設定文書で定める。イスラーム社会の宗教・慈善施設の多くはワクフで運営された。

▼東シリア教会　西アジア以東で影響力をもった東方諸教会の一派。現在のアッシリア東方教会。中国では景教と呼ばれた。九世紀アッバース朝下の翻訳活動では、知識人たちがシリア語文献翻訳で活躍した。モンゴルにおいてはケレイト族・オングト族に受容され、大書記チンカイやトルイ妃ソルコクタニら重要人物が信徒であった。

▼ドクズ・ハトン(一二六五没)　チンギス・ハンに敗れて臣従したケレイト族の最後の君主オン・カンの孫。最初トルイの妃となったが、その後フレグの第一の正妃となる。西征に同行し、政策にも影響を与えたとされる。

▼シリア正教会　東方諸教会の一

●マラーガ天文台のナスィール・アッディーン・トゥースィーと学者たち（ティムール朝期イスカンダル・スルターンの詞華集、イスタンブル大学図書館蔵）

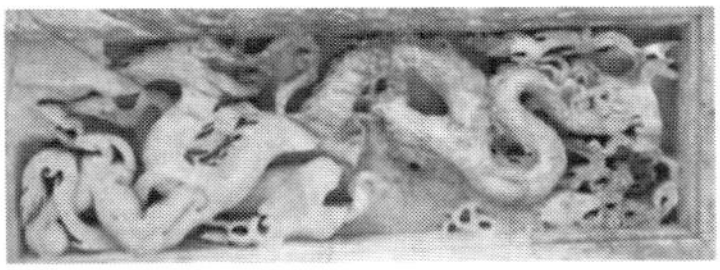

●スルターニーヤ近郊ダーシュ・カサン、龍のレリーフ（上）のあるイル・ハン朝期石窟建築遺構　第四代イル・ハン、アルグンの治世に設立された仏教寺院と推測されている。

●イブン・バフティーシュー（一〇五八没）の動物学書『動物の効用』ペルシア語訳写本に描かれた霊鳥スィームルグ（十三世紀末、マラーガ作成）　イラン神話の霊鳥が、東アジアの鳳凰《ほうおう》のように描かれている。流水や植物にも中国絵画技法の反映がみられる。

●シモーネ・マルティーニ「受胎告知」（一三三三年、ウフィツィ美術館蔵）　左の大天使ガブリエルの衣装は、タブリーズからイタリアへ渡った金襴《きんらん》（ナシージ）の模様を写していると考えられている。

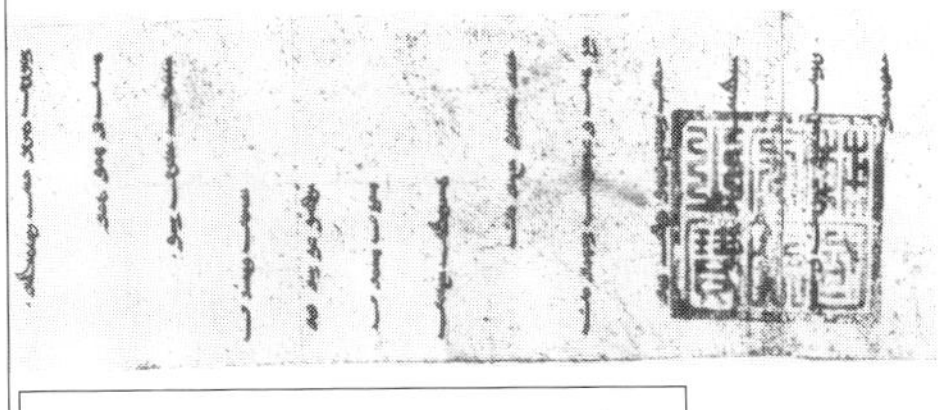

●アルグンからフランス国王フィリップ四世へ送られたウイグル文字モンゴル語書簡（一二八九年、フランス国立図書館蔵）（左から）冒頭三行は皇帝（カアン）の権限付与のもと王族が発行する文書（令旨）の書式。方形の朱印（アル・タムガ）は「輔國《ほこく》安民《あんみん》之寶《のほう》」の銘があり、元朝から授与されたと考えられる。「天」「カアン」など高貴な語を上位におく擡頭《たいとう》が用いられる。

（佐口透訳にもとづく）
永遠なる天の力によりて。
カアンの福により。
アルグン、われらのことば。
　フランス王よ。
　われに汝はマール＝バール＝
　サウマ＝サグラ
　をはじめ、使者
　により申し遣わしていわく
イルハンの軍隊がミシル（エジプト）の
方に上馬せば、われらは
ここより上馬して、相い会わん
と汝が申し遣わしたるを嘉納して
天を祈りて、虎年冬の……

期待を寄せたローマ教皇やヨーロッパ・キリスト教諸国との外交に関心をもった[佐口一九七〇]。軍事同盟は実現しなかったが、経済・文化の交流が活性化し、タブリーズではイタリア商人たちが活動した。また、わずかだが北西イランに残る仏教建築遺跡は、東方からやってきた仏僧たちの活動を伝えている。

アッバース朝滅亡からイル・ハン朝末期までのバグダード、マラーガ、タブリーズに生きた知識人に、イブン・フワティー▲がいる。彼はマラーガ天文台図書館勤務時代、「医学と哲学で有名な一門の出」で「スルターン(=イル・ハン)に仕えて」いたラシードの父イマード・アッダウラ・アブルハイルとその兄弟(つまりラシードのおじ)に会っている。アラムートでフレグに随行したラシード一家は、その後、学術都市マラーガで医者としての地位を築いていたのである。ラシードがどこで幼年期を過ごしたのかは不明だが、父やおじのもとで医学を学びつつ、このマラーガやタブリーズの知的環境にふれていた可能性は高い。モンゴル帝国の支配がもたらした現象の一つが、多文化の共存による知の活性化だったとすれば、まさにその環境が知識人ラシードの原体験であり、出発点であったのではないだろうか。

派。シリアのアンティオキア総大司教管轄下の信徒のうち、四五一年のカルケドン公会議に反対した一派を起源とする。

▼バルヘブラエウス(一二八六没)　アナトリア東部マラティヤの出身。一二六三年にシリア正教会東方総司教に任命され、モンゴル侵攻で荒廃した教会の復興に尽くす一方、マラーガ天文台蔵書を利用し多数の著作を執筆した。シリア語『年代記』はイル・ハン朝史の一級史料の一つ。

▼イブン・フワティー(一三二三没)　バグダードの出身。バグダード征服時に捕虜となりアゼルバイジャンへ連行され、トゥースィーに師事しマラーガ天文台で司書として働く。その後バグダードに戻り、アターマリク・ジュワイニーの庇護下でムスタンスィリーヤ学院司書を務めた。そのアラビア語人名録『アダブ集成』は、当時の知識人社会を反映する重要史料。

②—イル・ハン朝のイラン統治体制と危機の到来

イル・ハン朝のオルドとディーワーン

家族のもとで最初の教育を受けたラシードは、生涯深いつながりを持ち続けることになるイラン中央部の古都ヤズド▲に遊学したのち、医師としてアバカの宮廷に仕えはじめた。しかし、ガザン治世までのその経歴については、極めて断片的な情報しか残っていない。よってその前半生は、彼が身をおいたイル・ハン朝前半期の宮廷と行政中枢部から推測する必要がある。

イル・ハン朝の宮廷は、遊牧地を季節移動するオルド(遊牧君主の天幕)であった。イル・ハンたちは、イラン北西部に点在する夏営地・冬営地を移動する生活を維持し、王都タブリーズやのちにオルジェイトゥが建設した新都スルターニーヤ▲は、その夏営地の一つであった。ハトン(正妃)たちが管理する複数のオルドは、平時には豪奢な宮廷、戦時親征にあたっては後方支援隊と、柔軟な機動性をもって君主権の中枢機能を担い、行政組織や市場も従えたその威容は、都市とみまがう規模をもった。同時にイル・ハンたちは建築も好み、オルドの

▼**ヤズド**　現イラン・ヤズド州の州都。ゾロアスター教文化の中心地の一つでもある歴史的都市。ラシードはヤズドに多数の不動産を所有し、宗教・慈善複合施設を建設していた。

▼**スルターニーヤ**　現イラン西北部ザンジャーン州の東部。モンゴル語でコンゴル・ウレン(褐色の草原)と呼ばれていた夏営地に建設され、タブリーズとともにイル・ハン朝後半期の王都となった(第三章参照)。

スルターニーヤのオルジェイトゥ廟(二〇〇五年ユネスコ世界遺産登録)

移動路には「亭（クーシュク）」と呼ばれた豪華な宮殿も建設された。王族たちもそれぞれユルト（牧地）を与えられ、アナトリア、コーカサス方面など境域地帯には、防衛の要衝として王族・有力功臣の軍が配された。とくに東北部ホラーサーンは、フレグがアバカを派遣して以来、アバカ家のアルグン、ガザン、オルジェイトゥ、アブー・サイードが即位前に鎮守の任に就いた。

イル・ハン政権を構成したのは、軍を率い、またケシク▲としてオルド運営を担ったモンゴルのアミール（部将）たちであった。部族連合的性格をもつ遊牧国家としてのイル・ハン朝の政権中核は、チンギス家旧臣の名門、ハトンの一族や王女を降嫁されたキュレゲン（婿）などの姻戚、即位を支えた功臣などにより構成され、政権運営は彼らとの協議によりおこなわれた。しかし、遊牧国家としてのイル・ハン朝は、さらに別の複雑さも抱えていた。モンケの命により編成されたフレグ西征軍、そして西アジア方面タマ軍を吸収し成立したイル・ハン朝のモンゴル軍は、フレグ家と直接結びついているわけではない、極めて多様な勢力で構成されていた［志茂一九九五］。さまざまな背景をもつモンゴル貴族・集団が自らの地位・利益を主張し対立する危険性は、フレグ家の王位争い

▼ケシク　チンギス・ハンにより制定された千戸制（十進法にもとづく軍制）において、千戸・百戸の子弟から徴集された親衛隊。輪番でオルドを警護するとともに、コルチ（箭《せん》筒士《とうし》）・バウルチ（食膳係）・アクタチ（主馬《しゅめ》）など、ハン身辺の諸事やオルド運営をつかさどった。

オルド図（『ディーズ・アルバム』、ベルリン国立図書館蔵）　玉座のハンとハトンの前に、整然とアミールたち、女性たちが並ぶ。

▼シャムス・アッディーン・ムハンマド・ジュワイニー（一二八五没）　イル・ハン朝の初代ワズィール。対ベルケ戦時、カラコルムからフレグに同行したワズィールが処刑された

が始まるとともに、現実のものとなっていく。

　オルドとモンゴル軍のもとで、行政、とくに財政実務を担ったのは、オルドに随行するディーワーン(政庁)であった。初期のディーワーンを支配したのは、ホラーサーン地方ジュワイン出身の官僚名家、ジュワイニー家である。セルジューク朝最後のスルターン、サンジャル(在位一一一八～五七)の文書庁長官で、現存最古のペルシア語書記術指南書『書記の敷居』の著者ムンタジャブ・アッディーン・ジュワイニーを祖先にもつジュワイニー家は、モンゴルのイラン高原征服後、その統治に参画した在地有力者の代表格であり、ババー・アッディーンは歴代イラン総督にサーヒブ・ディーワーンとして仕えた。その子シャムス・アッディーン▲はフレグのサーヒブ・ディーワーンに任じられ、史書『世界征服者の歴史』の著者でありバグダードのサーヒブ・ディーワーンとなった兄弟アターマリク▲とともに、第三代イル・ハン、アフマド・テグデルの治世まで行財政を支配し、イル・ハン朝ディーワーン運営の基礎を築いた。

　ディーワーンの長サーヒブ・ディーワーンは、やがてアッバース朝以来の宰相職ワズィールの称号で呼ばれるようになっていった。彼らは政権中核のアミ

後、全国のサーヒブ・ディーワーンに任命された。イル・ハン朝財務運営を整備し、イラン社会統治にも影響力をもち、大きな権力をふるった。アフマド・テグデルがアルグンにより倒されると、処刑された。

▼アラー・アッディーン・アターマリク・ジュワイニー（一二八三没）　父ババー・アッディーンとともにイラン総督アルグン・アカに仕え、フレグのイラン到着とともに幕下に入り西征に随行した。バグダードの学術・文化活動の復興支援に務める一方、チンギス・ハンからフレグ西征に至るモンゴル帝国史『世界征服者の歴史』（一二六〇年）を著した。アフマド・テグデルと対立したアルグンの圧力を受けるなか、病没した。

ールたちと同様、アル・タムガ(朱印)を帯びて命令書を発行する権限をもったが、その任務はおもにオルドと軍の経費を確保する財務運営にあった。財政は、ハラージュ▲(地租)を中心とする在来の税制と、コプチュル税(人頭税)、タムガ税▲(商税)などモンゴルにより新たに導入された税制を、先行諸王朝のディーワーンで発達したアラビア語・ペルシア語財務技術を駆使して管理するシステムが作り上げられた。徴税はおもに徴税請負によりおこなわれ、バラート▲(支払命令書)で徴税担当者に税収の供出を命じることにより、各種の国家支出が賄われた。イル・ハン朝時代に残る数々のペルシア語財務術指南書には、先行するテュルク系諸王朝同様、軍事遊牧支配者の統治を行財政実務で支えたタージーク官僚たちの活躍をうかがいみることができる[髙松ほか訳二〇一三]。しかし、ディーワーン運営の実態は、全権を委ねられたワズィール/サーヒブ・ディーワーンが一族・子飼いの官僚とともに中央・地方の官職を独占し、財政を牛耳る家産支配的性格を強く帯び、不正や権力抗争が常態化していた。

　ジュワイニー家が没落すると、ワズィール/サーヒブ・ディーワーン就任者は、オルド移動地により近いイラン西部・北西部の人材が主流となり、医師・

▼ハラージュ　イスラーム法学にもとづく土地税。国家土地所有論のもと土地耕作者が納付義務を負う。税額査定方法には土地面積にもとづくミサーハ(土地測量制)と出来高によるムカーサマ(算額比率制)があったが、イル・ハン朝ではムカーサマの恣意的な査定が重税をもたらした。

▼タムガ税　モンゴルにより導入された商工業税。課税した商品に印(タムガ)を押すことからこの名で呼ばれ、タムガチ(タムガ税徴税官)により徴収された。イランではサファヴィー朝第二代君主タフマースブ一世(在位一五二四〜七六)により廃止されるまで続いた。

▼バラート　ディーワーンがさまざまな経費の支払いのため、徴税担当者宛に発行する手形的な文書。モンゴル時代以前から西アジアのムスリム諸王朝に存在したが、モンゴル支配下ではとくに経費調達にさかんに用いられ、濫発が税制紊乱《びんらん》の一因となった。

●—イル・ハン朝のワズィール(宰相)／サーヒブ・ディーワーン(ディーワーン長官)

イル・ハン	ワズィール／サーヒブ・ディーワーン		出身や就任以前の経歴	死亡理由
①フレグ ②アバカ ③アフマド・テグデル		シャムス・アッディーン・ジュワイニー	セルジューク朝期からの官僚一族。父がモンゴル帝国イラン総督のサーヒブ・ディーワーンとして仕官。	アルグンにより処刑。
④アルグン	ブカ・チンサン	ファフル・アッディーン・ムスタウフィー	ガズナ朝期からの官僚一族。ジュワイニーに抜擢される。	ブカの反乱に連座し，処刑。
		ジャラール・アッディーン・スィムナーニー	ホラズムシャー朝期からの官僚一族。ホラーサーンでアルグンに仕え，中央へ。	ブカの反乱に連座し，のちに処刑。
		サアド・アッダウラ・アブハリー	ユダヤ教徒の医師。バグダードの税務で功績をあげ，オルドでアルグンの信を得る。	アルグン没後，アミールらにより殺害。
⑤ガイハトゥ		サドル・アッディーン・ハーリディー（〜ガザン期）	法官一族。タガチャルの代理人としてオルドに随行，有力アミールらの支持を得る。	ガザン期，他官僚の攻撃により失脚，処刑。
⑥バイドゥ		ジャマール・アッディーン・ダストジルディー（〜ガザン期）	バグダード（バイドゥのユルト）の財務官。バイドゥ殺害後は，ノウルーズの代理人となる。	ハーリディーの攻撃により処刑。
⑦ガザン	ラシード	サアド・アッディーン・サーワジー	ホラーサーンで財務官としてガザンに仕え，中央へ。	アリーシャーの攻撃により失脚，処刑。
⑧オルジェイトゥ		タージュ・アッディーン・アリーシャー	商人としてオルドに出入りし，有力アミールの支持を得て，オルジェイトゥの信を得る。	病没。
⑨アブー・サイード		ヌスラト・アッディーン・ナササウィー（サーイン・ワズィール）	ホラズムシャー朝期からの官僚一族。チョバンに仕える。	チョバンにより処刑。
		ギヤース・アッディーン・ラシーディー	ラシードの息子。アブー・サイードに仕えていた。	アリー・パードシャーにより殺害。

冒頭書式(アラビア文字テュルク語)

イリンチン・ドルジ(＝ガイハトゥ)のおおせ(ヤルリグ)により

シクトゥル・アクブカ・タガチャルのことば(ソズ)により

サーヒブ・ディーワーン，アフマドのことば

タージークのワズィール／サーヒブ・ディーワーンが発行する文書は、イル・ハンの「おおせ」のみならず、政権中枢のアミールたちの「ことば」による権限付与が必要であった。アル・タムガはおそらく元朝から授与されたもので、漢字で「行戸部《ぎょうこぶ》尚《しょう》書印《しょいん》」(地方財務長官印)とあり、当時の元朝とイル・ハン朝の関係をうかがわせる。

●—**サドル・アッディーン・ハーリディー発行のアル・タムガ文書**(一二九二年、スミソニアン博物館蔵)　アル・タムガはモンゴル帝国で公文書に押された朱の方形の印章。イル・ハンの玉璽《ぎょくじ》のほか、政権第一位のアミールとワズィールもアル・タムガを用い、それが押された文書もアル・タムガと呼ばれた。

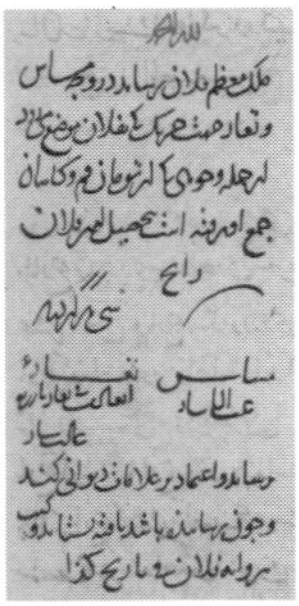

ハーリディーに献呈されたペルシア語財務術指南書『会計術の導き』(一二九一年頃成立)**のバラート書式用例**　コムとカーシャーンのトゥメン(万戸＝一万人の担税能力をもつ徴税単位)の知事に、遠征軍の軍備・糧食費の税収からの供出を命じている。

商人など出自も多彩になっていく。だが一貫したその条件は、財務の才を発揮できること、またはオルドに近づく契機と人脈、とくに有力なモンゴル・アミールの後ろ盾を得ることにかかっていたといえるだろう。タージークの官僚が権力に近づくためには、移動するオルドへの随行が必要であり、そのため彼らはしばしば有力アミールのノコル(僚友)▲、ナーイブ(代理)となって、一蓮托生の行動を取った。オルドではタージーク同士の陰謀や足の引っ張り合いが頻発し、その姿は、モンゴル支配期イランの歴史像としてしばしば抱かれてきた、「イラン社会の統治に無知なモンゴル支配者と、行政の実権を握り社会を守ったイラン系官僚」とは程遠かった。

　このような権力の磁場としてのオルドにおいて、権力に近づきやすいタージークとは、モンゴル支配者に重用される学者、とりわけ君主の健康に関与する医者だったのではないだろうか。イスラーム社会のマイノリティであるユダヤ教徒として、医学の専門分野で活躍する家系に生まれたラシードが、イル・ハン朝で頭角を現すことになる理由の一つは、おそらくここにあった。

▼ノコル(僚友)　モンゴル社会において部族・氏族のつながりを離れた主従・隷属関係を指す。チンギス・ハンのノコルは帝国草創期の中核的勢力であった。イル・ハン朝ではノコル関係はモンゴル・アミールとタージークの間、およびタージーク同士でもみられ、「召使」の意味でペルシア語にも定着した。

イル・ハン朝の内乱と財政危機

ラシードのイスラーム改宗の時期は、三〇歳説を採るなら一二七〇年代末、第二代イル・ハン、アバカ▲治世末期にあたる。父フレグの没後、任地ホラーサーンからアゼルバイジャンへのぼり、王族・諸将の承認のもと即位したアバカの一七年の治世は、イル・ハン朝版図の統治基盤が築かれた時代だった。ラシードはオルドで典医としての地位を着実に築いていたようであり、神学著作の断片的な自伝情報によれば、アバカ死去直前の一二八二年、その長男アルグンの任地ホラーサーンへ赴き、オルジェイトゥの誕生に立ち会っている。おそらくこうした機会を通し、彼はとくにアルグン家との結びつきを深めたようである。そしてそれは、その後展開するフレグ家の内乱で、彼の将来を決定していくことになる。

アバカの没後、王位争いが始まった。フレグには一四人の息子がおり、その多くがイランに来ていた。イル・ハン位の継承においては、一族の年長実力者がそれぞれに継承資格を主張できるとともに、候補者は正妃ハトンの子が有利であり、クリルタイ▲での王族・有力アミールたちの支持・承認を要するという、

▼アバカ（在位一二六五〜八二）　フレグの長男。母は側室のイェスンジン（スルドス族）。西征に随行し、ホラーサーン鎮守に任じられた。東方のチャガタイ・ウルス、西方のマムルーク朝と対抗し、キリスト教諸国と積極的な外交をおこなった。キリスト教を保護したことでも知られるが、自身は仏教徒であった。

▼クリルタイ　モンゴル帝国で、皇帝選出や遠征など国事の協議・決定のために、皇帝や前皇帝の皇后、一族代表者などが招集した会議。イル・ハン朝でもイル・ハン選出のため招集される集会やイル・ハン主催の会議をクリルタイと呼んだ。

遊牧国家モンゴル帝国の慣行が影響していた。アバカの後継として、側室の子である長男アルグン▲ではなく、フレグのハトンの子であるアフマド・テグデル▲が推戴され、これを不満としたアルグンが武力で王位を奪取することになったのも、そのためである。アルグンが即位すると、テグデル政権を支えていたジュワイニー家も粛清された。

二五年におよぶジュワイニー家のディーワーン支配の終焉と、その後のガザンの王位奪取までの一〇年間で三人のイル・ハンが交代するという状況は、統治の不安定状態を生み出した。アルグン即位後、王位奪取に貢献した功臣ブカ▲・チンサンに実権が集中した。ディーワーン官僚たちをその傘下に取り込み、行財政を支配したブカであったが、やがて有力アミールら、そして主君アルグンと対立し、他王子の擁立を企てて処刑された。連座して有力なタージーク官僚たちも粛清された。ブカ派の粛清後、ワズィールに抜擢されたサアド・アッダウラ・アブハリーは、バグダードの財務監査で功績をあげたユダヤ教徒医師である。オルドに仕えてアルグンの信頼を得る一方、一部のアミールたちと協力し、一族で行財政を牛耳った。しかしアルグンが病で急死すると、その権力

▼アルグン（第四代、在位一二八四〜九一）　アバカの側室カイミシュ・エゲチ（出身部族不明）を母としてイランで生まれ、ホラーサーン鎮守に任じられていたが、おじテグデルを殺害して即位した。元朝との同盟を強化し、父同様、対マムルーク朝政策として積極的なヨーロッパとの外交交渉をおこなった。仏教を庇護し、インドの仏僧（バフシ）が勧めた長生薬が原因で病没したとされる。

▼アフマド・テグデル（第三代、在位一二八二〜八四）　フレグの七男。アバカ治世、母クトイ・ハトン（コンギラト族）とともにモンゴル高原からイランに来た。ムスリムであり、イスラーム庇護策やマムルーク朝との講和（一二八二年）政策を採った。

▼ブカ・チンサン（一二八九没）　フレグ西征軍の将ウクライ・コルチ（ジャライル族）の子。アバカに養育され側近となる。アルグン即位後ナーイブ（代理）、ワズィールに任じられ、元朝から丞相《じょうしょう》（チンサン）の称号を授与された。しかし他のアミールの反感を買って失脚し、その後フレグ次男ジュムクルの子ジュシケブの

フレグ家と歴代イル・ハン

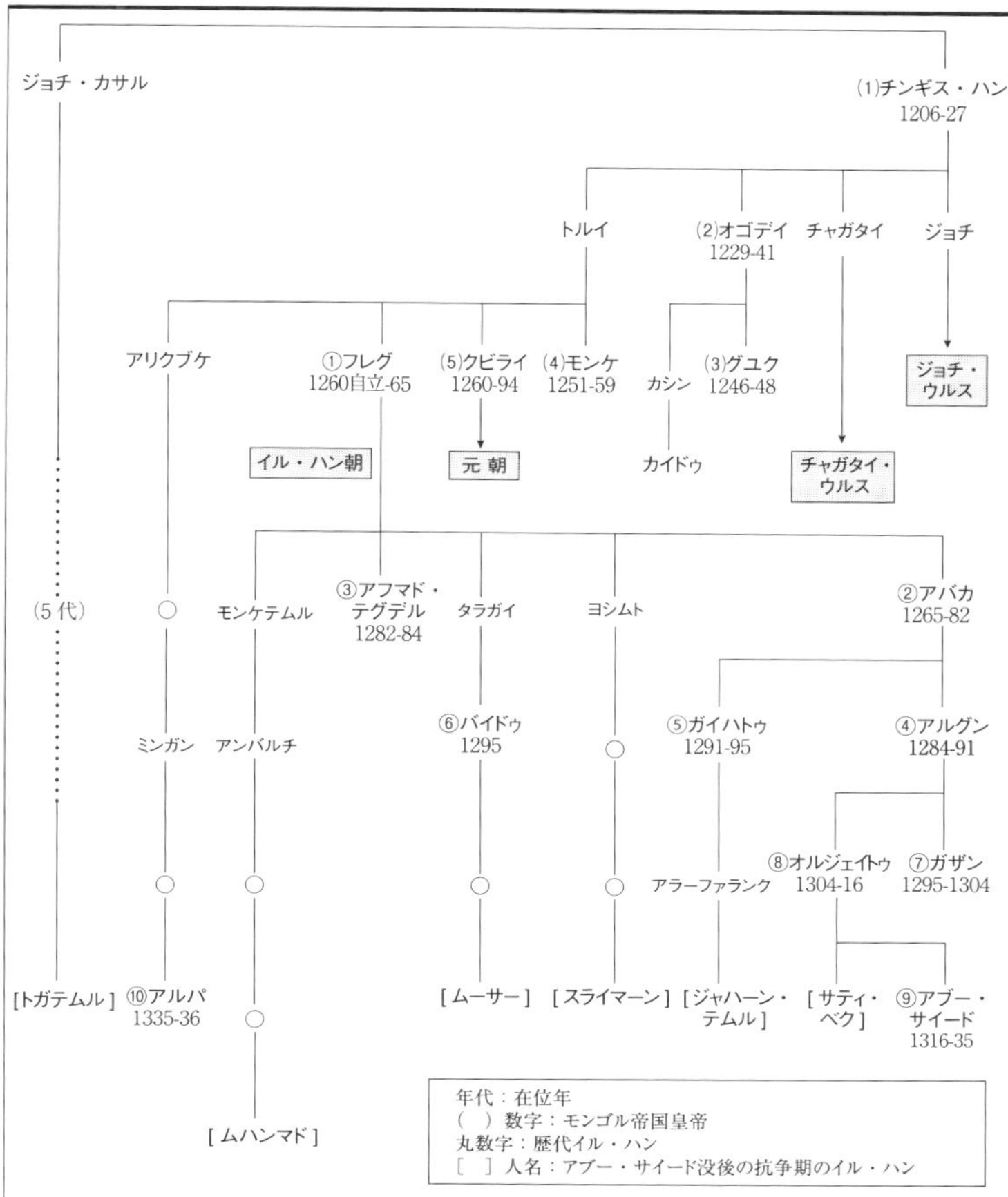

ガザン即位までのイル・ハン朝の貨幣　写真は、第六代バイドゥの銀貨(六九四／一二九五年、発行地不明)。イル・ハン朝の貨幣は複数の様式で発行されたが、ガザン即位まで帝国皇帝の権威が明示され、第二代アバカ期以降はウイグル文字モンゴル語による銘文が使用された。

裏面
[ウイグル文字モンゴル語]

qaghan-u　カアンの
nereber　名により
baydu-yin　バイドゥの
deledkegülügsen　打刻させたもの

[アラビア文字]
バイドゥ・ハン

表面
[アラビア文字アラビア語]

lā ilāha illa　アッラーのほかに
Allāh Muḥammad　神は無く
rasūl Allāh　ムハンマドは
アッラーの使徒である

※イスラーム貨幣のシンボルである信仰告白の文言は，モンゴルによる征服の当初から用いられ続けた。

独占を妬んだ他の有力アミールらに殺害された。次の王位継承ではアバカの次男ガイハトゥ▲、フレグ五男タラガイの子バイドゥ▲を支持する派に分かれ、年少のバイドゥが譲歩して一二九一年にガイハトゥが即位した。だが、四年後には関係悪化によりバイドゥが蜂起し、ガイハトゥを殺害して王位に就いた。そのバイドゥも、一年と経たずアルグンの長男ガザンに倒されるのである。

王位継承争いを左右したのは、軍を統率するアミールたちであり、多様な部族・集団が混在したイル・ハン朝モンゴル軍の複雑な構造は、権力争いをいやがうえにも混乱させることとなった。時のイル・ハンとの関係を利用し、自立的な力をふるって王位継承を攪乱した有力アミールの代表例が、北インド方面タマ軍に起源をもつカラウナス軍▲の指揮官、タガチャル（一二九六年殺害）であろう。アバカ治世にイル・ハン親衛軍に再編されたカラウナス軍の初代隊長クトブカ・ノヤン（スカヌート族）の子で第四代隊長となったタガチャルは、まずアルグンを支持したが、アルグン没後はガイハトゥ派に与《くみ》し、ガイハトゥとバイドゥの関係が悪化するとバイドゥのクーデタに加担、しかしバイドゥ政権で他のアミールが中核を占めると、バイドゥにいどんだガザンに乗り換えた。

擁立を企て、露見し処刑された。

▼**ガイハトゥ**（第五代、在位一二九一〜九五）　母はノクダン・ハトン（タタル族）。アルグンによりアナトリア統治に任じられ、アルグン没後、タガチャルらの支持で即位する。彼の治世に財政状況の悪化が顕在化したとされる。

▼**バイドゥ**（第六代、在位一二九五）　アルグン治世にバグダードからアナトリア東部の統治を任じられる。酒席の口論でガイハトゥと関係が悪化し、王位を奪うに至るが、まもなくガザンのクーデタに直面し、在位約七カ月で倒された。

▼**カラウナス軍**　黒（カラ）に由来する名で、北インド方面タマ軍が現地住民と混血した軍。アバカからガザンの時代にイル・ハン軍に編入された。現アフガニスタン南部に残存した部隊はチャガタイ家王族に率いられ、しばしば盗賊としてイラン南部に侵攻していたことが、マルコ・ポーロにより伝えられている。

イル・ハン朝オルドの奢侈と工芸　工芸で名高いイラク北部の都市モスルでつくられた銀製女性用鞄（十四世紀、コートールド美術館蔵）。同時代のオルド図に、同じような鞄をもつハトン付き小姓の姿があり、宮廷の貴婦人のためにつくられた贅沢品であったことがわかる。

鞄をもち玉座のハトンの傍に立つオルドの小姓

サアド・アッダウラ殺害後の混乱期のディーワーンを支配したワズィール、サドル・アッディーン・ハーリディー（一二九七没）は、このタガチャルとの個人的なつながりを通し頭角を現したタージーク官僚であった。カズウィーンのカーディー（法官）名家出身で、アバカ治世からタガチャルのナーイブ（代理）として活動したハーリディーは、ガイハトゥ即位後、ワズィールに任命され、行財政に強大な権力をふるった。ガイハトゥ殺害後はタガチャルと一蓮托生の行動で政争に便乗し、ガザンによるタガチャル粛清後も、しばらくディーワーンの実権を握っている。ラシードは、ガザンの改革以前の財政破綻の責任者として、『集史』で彼を激しく非難している。

　あいつぐ政争のなか、イル・ハン朝の財政逼迫が顕在化していった。『集史』でラシードが語る行財政の惨状には、おそらく誇張もある。だが、既存の税制とモンゴルの税制、その他各種の賦役《ふえき》・追加税が併存する税体系は、納税者の負担が大きかった。徴税請負は時に徴税担当者が破産に追い込まれるほどの過重な責任を負わせたが、一方で彼らがオルドのアミールやワズィールたちとのコネ・賄賂《わいろ》で納税をごまかす道を開いた。奢侈《しゃし》によるオルド経費の膨張、また王位継承を支持したアミール・軍への褒賞は、ディーワーンへの要求を激増させただろう。経費調達のための地方へのバラートの濫発《らんぱつ》、それを口実におこなわれる収奪、納税者の疲弊と逃亡による徴税困難という悪循環は、徴税システムを機能不全に陥れた。ハーリディーは、解決策として元朝でおこなわれていた紙幣制度である鈔《しょう》▲の導入を試みたが(一二九四年)、イランではムスリム商人たちが築いてきた手形・資本運用制度と噛み合わず、たちまち破綻した。

イル・ハン朝は二つの混乱に直面していた。一つはイル・ハン朝を構成するモンゴル軍の複雑さに由来する、遊牧国家としての混乱。もう一つは征服以来イランに築かれてきたモンゴル的財政制度が機能不全に陥った、定住社会統治システムの混乱である。

さて、この混乱のなか、ラシードはどこで、何をしていたのだろうか。実は、この時期のラシードの動向を示唆する二つの断片的史料がある。一つはキルマーニーのワズィール列伝▲であり、ガイハトゥは、オルドでアミールたちの信頼を得ていたラシードをワズィールに任命しようとしたが、ラシードは辞退した、というものだ。もう一つは、バルヘブラエウスの『年代記』である。ガイハト

▼鈔(チャーウ)　交鈔。金朝の紙幣制度を継承し、元朝末期までおこなわれた紙幣制度。元朝から来たボラド・チンサン(六四頁参照)によりイル・ハン朝へ紹介された。鈔発行所(チャーウ・ハーナ)が設立され、国際商業に携わるインド洋交易商人を除いて換金拒否は死刑という厳格な条件で施行された。しかし、市場の混乱をもたらし、ガザン即位後に印刷の版木が焼かれ、完全撤廃された。

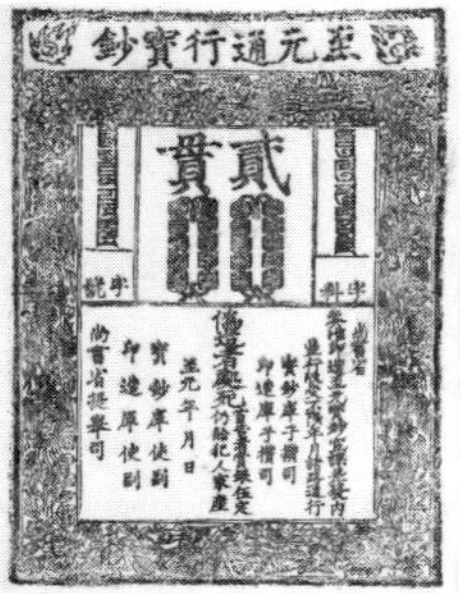

クビライ時代の交鈔「至元通行寶《しげんつうこうほう》鈔《しょう》」

▼キルマーニーのワズィール列伝　カラ・ヒタイ朝史『最高権威のための崇高の緒』を著した文人ナスィー

ル・アッディーン・キルマーニーによるワズィール伝『ワズィールたちの歴史についての情報の麝香《じゃこう》から香る魅力の微風』。最終章「チンギス・ハンの偉大なウルク（一門）のワズィールたち」で、ラシードの伝記はガザン治世以降のワズィールの最初にあがっている。

ゥ治世、「ラシード・アッダウラというユダヤ人」が宮廷の食材の調達を担当していたが、国庫の枯渇のため自ら食材費を補塡せねばならず、ついに私財を使い果たしてしまった、という。この人物は、ラシードなのだろうか？　もしそうであれば、ラシードは財政危機のただなかの宮廷財政に関わり、辛酸を舐めた経験ももっていたことになる。具体的に裏付けることは難しい史料情報ではあるが、宮廷の侍医でありながら、モンゴル・アミールたちの信頼を得て、いつしか財政にも関与し、その深刻な状況を目の当たりにしていた老熟の廷臣としてのラシードの姿が浮かび上がってくる。おそらくそれは、大きく外れた像ではないだろう。ガイハトゥ治世までの行財政の多岐にわたる問題を詳述する『集史』の記述は、彼がイル・ハン朝の行財政中枢の問題を知悉《ちしつ》していたことをうかがわせる。ともあれ、一二九五年バイドゥが倒れてガザン政権が成立すると、突然ラシードは政治の表舞台に姿を現す。それは、イル・ハン朝の新しい時代の始まりでもあった。

③—ディーワーンの長ではない「ワズィール」の登場

第七代イル・ハン、ガザンの治世、イル・ハン朝はイスラーム改宗により名実ともにムスリム王朝へと転身し、さらに多岐にわたる改革で統治体制を再建したとされる。ガザンと彼を支えたラシードの功績は、同時代史料でも近代以降の歴史研究でも、なかば神話的に強調されてきた。ガザンの治世とは、イル・ハン朝にどのような変化をもたらした時代だったのだろうか。

ガザン政権の成立とラシードの抜擢

ガザンはアルグンの長男としてドルベン族の側室コルタク・エゲチを母に生まれ、父の即位によりホラーサーン鎮守に任じられた。アルグンの急逝時、アミール・ノウルーズ▲の乱（一二八九～九四年）の鎮圧に追われていたガザンは、後継争いに加われなかった。だが帰順ののち強力な援助者となったノウルーズに支えられ、彼はバイドゥとの戦いに乗り出していく。その途上の一二九五年六月十七日、仏教徒であったガザンは、ムスリムのノウルーズの勧めでイスラームに改宗した。

▼**ノウルーズ**（一二九七没）　イラン総督アルグン・アカの子。ホラーサーンでカラウナス軍を支配し、ブカ・チンサンの乱に連動し反乱を起こした。帰順後にガザン即位を支えて筆頭アミールとなるが、やがてガザンと対立し、マムルーク朝との内通の嫌疑で粛清された。生き残った兄弟はオルジェイトゥ治世に帰順し、イル・ハン朝解体後もホラーサーンで勢力を維持した。

▼**スーフィズム**（イスラーム神秘主義）　八～九世紀以降スーフィー（羊毛の衣をまとう者）たちが生み出した、神との合一を究極目標に神秘的叡智を追求する思想。十二世紀頃から高名なスーフィーを名祖にその精神を継承する道統（スィルスィラ）のネットワークが形成され、さまざまな教団（タリーカ）が登場した。神秘主義哲学や文学を発展させるとともにスーフィー聖者尊崇や聖者廟参詣などの庶民的信仰文化を育み、イスラームの拡大に貢献した。

▼カマール・アッディーン・アブドゥッラフマーン（一二八四没）　アフマド・テグデルの寵愛を受けてシャイフ・アルイスラーム（イスラームの導師）に任じられ、政務やイスラーム庇護政策に関与した。対マムルーク朝和平交渉使節としてカイロに赴くが、アフマド殺害後、マムルーク朝で軟禁されて没した。史家・知識人からは、庶民の出自で魔術により成り上がったなど批判的に描写されており、カランダル（遊行者）とも関係をもっていたことから、庶民信仰的なスーフィーであったと考えられる。

▼サドル・アッディーン・ハンムーイー（一三二二没）　スーフィー教団クブラウィーヤの名祖ナジュム・アッディーン・クブラーの高名な弟子、サアド・アッディーン・ハンムーイー（一二六〇没）の子。ジュワイニー家とつながりをもち、ガザンの改宗に同席するなどイル・ハン朝に関わった。しかし、彼がスーフィーとしてガザンを改宗に導いたという説は疑問視されている。

ガザンの改宗の目的は、すでにイスラームを受容していた自軍・バイドゥ軍双方の兵士たちの支持を得ることにあったと考えられる。彼以前にも第三代イル・ハン、アフマド・テグデルがイスラームに改宗し、ジュワイニー家の支持を受けながらイスラーム庇護政策も試みていた。ただしそのイスラーム信奉は支配層のモンゴル軍に影響を与えず、むしろ敵対したアルグンに、モンゴルの伝統を蔑ろにしたと非難の口実を与えた。しかし、イル・ハン朝成立約四〇年をへて、イランのモンゴル軍にもイスラームが浸透していた。慣行的に王位継承で優位になれない側室の子であるガザンにとって、改宗は有効な政治的手段たりえたのである。広くテュルク系遊牧民社会でそうだったように、モンゴルのイスラーム受容ではスーフィズム（イスラーム神秘主義）▲とタリーカ（スーフィー教団）の影響力が大きかったとされ、魔術的儀式をおこなうシャイフ・カマール・アッディーン▲なる人物を側近としたアフマド・テグデルのイスラームも、スーフィズムと結びついた庶民信仰的なものであったと考えられる。ガザンの改宗においても、儀式に立ち会った高名な学者でスーフィーのサドル・アッディーン・ハンムーイー▲から、その父のヒルカ（スーフィーの精神の継承を象徴する衣)を受け取ったという逸話が伝えられている。ただし、改宗前も後も、ガザンがスーフィー導師やタリーカの強い影響を受けたことを伝える史料はない。

即位後、ガザンは全モンゴルのイスラーム改宗を命じた。非ムスリムのイル・ハン朝君主たちには、おもにペルシア語の君主号「パードシャー(帝王)」が用いられていた(アフマド・テグデルはムスリムの君主号「スルターン」を用いた)が、ガザンは「パードシャーヒ・イスラーム(イスラームの帝王)」、かつ「スルターン」を称した。それまでのイル・ハン朝では、特定の宗教が庇護の対象や支配正当性のよりどころにされることはなかった。どの宗教が重んじられるかはイル・ハンの個人的志向によっていた。しかしガザン以後、イル・ハン朝は公的にイスラームを奉じるムスリム王朝としての道を歩みはじめた。

即位後のガザンは、最初の数年を反対勢力の粛清に費やした。反意を示した王族や、軍勢を擁し力をふるってきたタガチャルなどのアミールは、殺されるか政権中枢から追われた。政権初期に一族で権勢をふるった功臣ノウルーズも殺害された。代わって台頭したのは、ガザンの祖父・父の代からの旧臣・姻戚、あるいは彼に王子時代から仕えたアミールたちであった。ガザンの治世でまず生じた変化は、多様な勢力から構成されたイル・ハン朝軍の複雑な構造が、徹底的な粛清により大きく変質したことであった〔志茂一九九五、一二五〜一二九頁、三四六〜三四八頁〕。

ディーワーンでは前政権からの人員が採用されていたが、一二九七年、ハーリディーが他のタージーク官僚たちの讒言《ざんげん》により失脚・処刑されると、ホラーサーン鎮守時代からガザンに仕えた財務官サアド・アッディーン・サーワジー▲が、ワズィール／サーヒブ・ディーワーンに任命された。それとともに、諸史料は、ラシードが抜擢されたことを伝えている。

本書冒頭でもふれたとおり、この時ラシードがどのような地位にあったのか、よくわからない。「ワズィール」「世界統治者（ガザン）の代理」など、史料の呼び方はまちまちである。明確な地位や職権をもたない輔弼《ほひつ》の臣として、ラシードは表舞台に登場した。ガザンがいつ頃ラシードに会ったのかも、実は不明である。だがオルドにあってアミールたちの信があり、中央行財政の問題点にも通じ、アルグン家の旧臣といえる立場にあったラシードを、ガザンが信用したのは自然なことだったろう。ともあれここから、ガザンを支えるラシードの

▼サアド・アッディーン・サーワジー（一三一二没）　イラン中部の都市サーワ出身。ガザン即位前から財務官として仕え、ガザン〜オルジェイトゥ治世にラシードとの二人ワズィール体制でディーワーンの財政を支配した。シーア派であったと考えられ、アッラーマ・ヒッリーからシーア派教義書『幸運なる論攷《ろんこう》』を献呈されている。

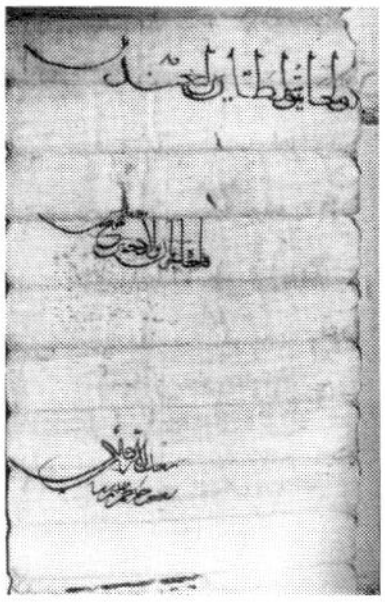

サーワジー発行のアル・タムガ文書冒頭（一三〇五年、イラン国立博物館蔵）　「慈悲深く慈愛あまねきアッラーの名のもとに／オルジェイトゥ・スルターンのおおせにより／クトルグシャー、チョバン、ボラド、フサインのことばにより／サアド・アッディーンのことば」とある。

活動が始まることになる。ガザンは即位時二四歳、ラシード四六歳であった。

ガザンの改革とラシードの役割

ガザンの改革に関する主要史料は、『集史』「ガザン紀」第三部である。多数のヤルリグ(勅令)写しを含むその記述からは、破綻した徴税システムの再建を中心とした行財政の包括的な中央集権的再整備と、新たに公的宗教となったイスラームにもとづく体制作りがおこなわれたことがうかがわれる。改革にはさまざまな専門家が関わったが、ワズィールの職務の指揮をとり、多くの施策の立案と文書起草をおこなったのはラシードだったと、ムスタウフィーやワッサーフも証言している。放漫な公文書発行手続きやヤム▲(駅逓制度)運営の引き締め、モンゴル征服以降混乱していた土地所有権の確定、租税台帳の再編と徴税制度の再整備、恒常的な給与制度がなかったモンゴル軍のためのイクター制▲の導入、そして財務に欠かせない貨幣・度量衡の統一など、その計画は見事なものといえる。改革の成果を誇張するラシードの言葉はやや割り引いて読まなければならないが、歳入増大には成功し、ガザンがムスリム君主としての威信も

▼ヤム(ジャム、ジャムチ、站赤)　モンゴル帝国で整備された駅逓制度。パイザ(許可証)所持者は宿駅で宿舎・駅馬・糧食の支給を受けることができ、イルチ(使者)の迅速な命令伝達や広域商業の保護・振興にも寄与した。しかしイル・ハン朝では、イルチの濫用による経費増大が納税者を圧迫する問題が生じていた。

▼イクター制　十世紀半ば以降、ブワイフ朝で開始され、西アジアのムスリム諸王朝で広くおこなわれた土地・徴税制度。軍人に給与に代わり土地(イクター)の徴税権を授与し管理を委ねた。イラン・中央アジアのソユルガル制度、オスマン朝のティマール制度など、多様な発展を遂げたとされる。

●―『集史』「ガザン紀」第3部が示すガザンの改革政治

文書・通信制度改革		文書行政[ヤルリグ(勅令)・パイザ(許可証)発行制度，印章制度の整備]，ヤム(駅逓制度)[過度のイルチ(使者)派遣の禁止，駅馬徴発・民家停泊の禁止，街道治安維持など]
財政改革	税制	徴税台帳再整備，税額査定法の改革[出来高査定の廃止]，徴税制度整備
	農業復興	農民保護，未利用地・荒廃地開墾奨励
	貨幣・度量衡	貨幣の改良と法定通貨の整備，度量衡の統一
	宮廷財政	オルドの食費，宮廷財庫，武器工房，家畜・猟獣管理の財務整備
軍改革		軍へのイクター授与，零落し奴隷化したモンゴル人による新軍設立
イスラーム政策		司法制度整備[カーディー(法官)任命・職務の整備]，ワクフ(寄進)による慈善施設建設，サイイド(預言者ムハンマドの子孫)の庇護，イスラームにもとづく風紀刷新[高利貸の禁止，婚資金の上限設定，酒家での女奴隷の使役の禁止など]

●―『集史』収録ガザンのヤルリグ写しと元朝皇帝聖旨の冒頭書式(右)**との対応**
モンゴル帝国の公文書様式がイスラーム化されていることがわかる。

慈悲深く慈愛あまねきアッラーの名のもとに (bi-sm Allāh al-raḥmān al-raḥīm)	とこしえの天の力に (möngke tengri-yin küchün-dür)
至高なるアッラーの力のもとに、またムハンマドの信仰の幸運のもとに (bi-quwwat Allāh ta'ālā wa mayāmin millat Muḥammadī)	大威霊の輝きの加護に (yeke suu jali-yin ibegen-dür)
スルタン・マフムード・ガザン・ハンの勅令 (farmān-i Sulṭān Maḥmūd Ghāzān Khān)	……カアンなる我らがおおせ (…… qaghan jarligh manu)

●―パイザ　漢語の「牌子」に由来。モンゴル帝国で任官などの際にヤルリグとともに授与された許可証。金，銀など金属製で多様なかたちがあり，とくに駅逓利用者はパイザを必携とした。左図はイル・ハン朝末期アブー・サイード期のパイザ(イラン国立博物館蔵)。ウイグル文字モンゴル語で「(ア)ブー・サイード，我らがおおせ」とある。

●―ガザニーヤとガザン廟のドーム
(『ディーズ・アルバム』，ベルリン国立図書館蔵)

●―ガザンの銀貨裏面(699/1299～1300年，ハルプト)
「(ウイグル文字モンゴル語)天の力により／(アラビア文字)ガザン・マフムード／(ウイグル文字)ガザンの打刻させたもの」とある。
ガザン治世から，貨幣より元朝皇帝への儀礼的臣従が消える。

賭けておこなったマムルーク朝領シリアへの三回の遠征（一二九九年、一三〇〇〜〇一年、一三〇三年）や、大規模な建築事業を支えたと考えられる。

ただし、ガザンの財政改革は、皇帝モンケ以来のモンゴル帝国統治システムを、土地収入を重視するイラン社会の実情により適応させたものであり、統治システム自体の変化をめざしたものではなかったことにも、注意する必要がある［本田一九九一、三二一〜三二二頁］。また中央集権的な改革税制の維持は現実には困難だったようであり、徴税請負とワズィールの家産的ディーワーン支配に依存した財務運営は、その後も大きく変化することはなかった。

同様に、ガザンによるイル・ハン朝のイスラーム化も、モンゴル的国家体制を維持しつつ、イラン的・イスラーム的な諸制度や慣行と融合させようとするものであった。モンゴル軍のために導入したイクター制は、たしかに先行ムスリム諸王朝の土地・徴税制度の継承である。しかし、イル・ハン朝のイクター制には、遊牧国家の君主の恩賜（ソユルガミシ）としての土地分与の思想が反映されていることが指摘されている。そしてそれはおそらく、その後のイラン高原・中央アジアのムスリム諸王朝の土地制度、ソユルガル▲の形成に影響を与え

▼**ソユルガル**　モンゴル支配末期から登場し、ティムール朝、トゥルクマーン王朝、サファヴィー朝へ継承・発展していった土地徴税権・免税特権授与制度。イクターと異なり、永代相続された。

アク・コユンル朝ウズン・ハサン（在位一四五三〜七八）**のスーズミーズ文書**（一四七一年）　トゥグラー（花押）はバヤンドゥル族のタムガと「アブー・ナスル・ハサン・バハードゥル、スーズミーズ（我らがことば）」の文言からなっている。

▼**「スーズミーズ」**（我らがことば）　モンゴル帝国公文書冒頭で皇帝のみが使用できるモンゴル語の文言「ジ

ることになった。『集史』に収録されたガザンのヤルリグは、「慈悲深く慈愛あまねきアッラーの名のもとに／至高なるアッラーの力のもとに、またムハンマドの信仰の幸運のもとに／スルタン・マフムード・ガザン・ハンの勅令」という書式で始まっている。これは、モンゴル帝国皇帝聖旨《せいし》の冒頭書式をイスラーム化したものである。このモンゴル帝国公文書書式の浸透は、「スーズミーズ（我らがことば）▲」というテュルク語勅令冒頭書式を生み、これもモンゴルが導入した印章の使用とともに、後代のペルシア語勅令書式に大きな影響を与えた。

　モンゴルに陵墓建設の慣行はなく、フレグ以下歴代イル・ハンの埋葬地はほとんどわからない。しかし、ガザンは自身の墓廟にモスク、マドラサ（学院）、ハーンカー（スーフィー修行場）など宗教・慈善施設群を附置した小都市ガザニーヤをタブリーズ郊外に建設し、その運営財源をワクフで設定した。西アジアのムスリム君主や権力者がおこなった墓廟・慈善複合施設▲建設と同じ、イスラーム化を示す典型的な事業にみえる。しかしガザニーヤは、父祖アバカやアルグンが好んだ宮殿建築と同様、君主の遊牧移動路上の拠点という機能も備えた「墓廟／牧地都市」［羽田一九九一］でもあった。この都市建設は、後継者オルジ

ャルリグ・マヌ（我らがおおせ）」に対し、王族・高官が用いた「ウゲ・マヌ（我らがことば）」という文言がテュルク語化され、アラビア文字勅令のトゥグラー（花押）と融合した書式。

▼墓廟・慈善複合施設　十二世紀以降、ザンギー朝、アイユーブ朝などで、為政者が自らの墓廟を建設し、そこにモスクやマドラサ、病院などを併設する複合建設がさかんになり、その後のイスラーム建築の一様式となった。

マムルーク朝第二二・二四代君主ナースィル・ハサン（在位一三四七〜五一、五四〜六一）**の墓廟・慈善複合施設**（カイロ、一三五六年着工）　マドラサ・孤児院・病院などを併設する。

エイトゥの新王都スルターニーヤ（一三〇五年建設開始）に受け継がれ、さらに後代のイラン高原諸王朝君主の王都設計をも、特徴づけていくことになる。

ガザン治世の改革とイル・ハン朝のイスラーム化がもった意義、それはモンゴル的要素とイスラーム的諸制度・慣行の融合による新たな制度・様式の創出、そして後代へのその影響に、見出すことができるだろう。ラシードが支えたのも、この「モンゴル」と「イスラーム」の融合だったのではないだろうか。それを示すガザンとラシードによるもう一つのプロジェクトが、『集史』編纂である。これについては、第五章で詳述しよう。

マムルーク朝史家サファディー▲によれば、ガザンとラシードの間には強い信頼関係があったようである。ガザンは科学に関心があり、ラシードはこの分野の指南役も務めた。『集史』「ガザン紀」の記述には、主君を理想のムスリム君主として演出しようとしたラシードの強い意志がうかがわれる。しかしガザンの治世は長くは続かず、第四次シリア遠征に向かおうとしていた一三〇四年五月、三三歳で病没する。端緒についたばかりの新生イスラーム国家建設は、後継者オルジェイトゥの治世に持ち越されることになる。

▼**サファディー**（一三六三没）　マムルーク朝シリアでマムルークの子として生まれた行政官。『逝去の充足』『時代の貴顕たち』など複数の人名録を編纂した。その作品はイル・ハン朝の君主や要人についても多くの情報を伝える。

▼オルジェイトゥ（第八代、在位一三〇四〜一六）　アルグンの次男。母はケレイト族のウルク・ハトン。幼名ハルバンダ。幼時は仏教徒だったが、キリスト教に改宗し、さらに兄ガザンの改宗によりムスリムになったとされる。即位直後に四ウルスの和平が結ばれ、内外ともに平穏な治世であった。新都スルターニーヤを建設したほか、一三〇七年にカスピ海沿岸地域のギーラーンをはじめて征服し、一三一二／一三年イル・ハン朝最後となるシリア遠征をおこなった。

ガザンと王子時代のオルジェイトゥ（『集史』十五世紀写本、フランス国立図書館蔵）

④—新生イスラーム国家建設の苦闘

権力の絶頂へ

ガザン没後、ホラーサーン鎮守の弟ハルバンダが即位した。ラシードの権力が絶頂に達したのは、このオルジェイトゥ▲の一二年の治世であった。

即位に先んじて、オルジェイトゥはガイハトゥの子アラーファランクを殺害させており、王位争いの懸念はなくなっていたわけではなかった。しかし結果的に王位はオルジェイトゥ、そしてその子アブー・サイードへ継承され、アブー・サイードの死による実質的なイル・ハン朝解体まで、アルグン家の王位独占が続くことになる。この最終的なアルグン家の勝利が、ラシードを押し上げたといえる。ラシードとサーワジーの二人ワズィール体制は継続され、ディーワーンの財務はサーワジーが管轄したが、ラシードの方がイル・ハンの信を得た上位の「ワズィール」であったことは、諸史料が証言している。その誕生に立ち会った縁もあってか、ラシードはオルジェイトゥの王女（夭折《ようせつ》）を養育したり、また彼が持病の脚痛で伏せった時はイル・ハン自らの見舞いを受けるなど、

▼**キスワ**　カアバ神殿を覆う黒い布。毎年巡礼月に取り替えられるキスワを奉納するマフミル（輿）の派遣は当時マムルーク朝に独占され、ガザンやオルジェイトゥはマフミル派遣を試みたものの、阻まれている（一三〇三、〇六年）。聖地庇護をめぐる両王朝の競争は、アブー・サイード治世における和平後も続いた。

二人には親密な関係があった。二二歳で即位したオルジェイトゥに対する五五歳のラシードの影響力は、ガザンに対して以上に大きかったと思われる。

ラシードは、イル・ハンへの影響力と人材を動かすプロデューサー的能力を発揮し、おもに文化事業で活躍していく。彼の事業は、単なる文化学術の庇護をこえ、イスラーム国家としてのイル・ハン朝の政策にも関わっていった。前章でみたように、ガザンの改宗により「モンゴル」と「イスラーム」が融合した国家として歩みはじめたイル・ハン朝は、内外に対するイスラーム的な正当性を必要としていた。例えばマムルーク朝との対立は、メッカのカアバ神殿のキスワ▲奉納など、ムスリム王朝同士の威信を賭けた争いの様相も帯びていった。従来からの多宗教への寛容的姿勢に大きな変化はなかったが、ユダヤ教徒・キリスト教徒へのジズヤ課税も開始された。またオルジェイトゥは、シャーマニズム的儀礼のようなモンゴルの伝統も保持する一方、イスラームの教義や講釈に関心をもつ君主であったようである。イル・ハン朝がいかなる「イスラーム」を奉じるのかが問われるなか、宗派やイスラーム法学派が宮廷内での影響力を競い合い、新たな対立の火種が撒かれはじめた。一三一〇年に起こったオルジェイトゥによるシーア派公式採用は、このようなイル・ハン朝のイスラーム問題が露呈した事件であったといえる。

シーア派公式採用事件

第一章でもみたように、宗教的に寛容で、宗教・宗派を問わず人材を取り立ててきたイル・ハン朝には、初期からトゥースィーをはじめとするシーア派知識人が活躍できる環境があった。また、モンゴル時代から顕著になったとされる西アジア・イスラーム社会の特徴として、預言者ムハンマドの子孫「お家《いえ》の人々(アフル・バイト)」とサイイド▲への崇敬を核に、人々がスンナ派・シーア派の明確な区別のない宗教的感情を抱く「宗派的曖昧性」があったとされる。前述のようにガザンの改宗は政治的動機によっていたが、改宗後はアフル・バイトに共感をもち、サイイドに対する公的支援施設としては史上初のものであるダール・アッスィヤーダ▲(サイイドの館)を版図各地に設立した。カーシャーニーによれば、ガザンは金曜礼拝のフトバ▲(説教)をシーア派式でおこなうこと、すなわち公のシーア派改宗宣言も考えたが、それを諦めさせたのはラシードで

▼**サイイド**　預言者ムハンマドの直系子孫、とくにその娘ファーティマと第四代カリフ・アリーの子ハサン、フサインの男系子孫に対する尊称。シャリーフとも呼ぶ。イスラーム社会では崇敬の対象として公的な庇護・支援も受け、各地のナキーブ(サイイドの長)により統制された。

▼**ダール・アッスィヤーダ**(サイイドの館)　旅するサイイドへの宿舎・食事の提供、貧しいサイイドのための住居や生活費、子弟教育、女性の婚資、病気治療、埋葬などを支援する施設。ワクフにより運営された[岩武一九九二]。

▼**フトバ**　金曜日正午の集団礼拝の前に、ハティーブ(説教師)によりおこなわれる説教。最初に神の賞賛、預言者ムハンマドへの神の祝福を願う祈願、それからスンナ派であれば正統カリフ、シーア派ならアリーと後継イマームたちのための祈願、そして時の支配者のための祈願がおこなわれる。宗派の表明と支配者の承認をおこなう儀式としての宗教的・政治的意味もかねそなえていた。

あった。「ムスリムの大多数はスンナ派に従っています。急に彼らが古くからの信条を忌避するなどということは、ありそうもないでしょう」(『オルジェイトゥ史』一九六頁)。ここでラシードは、シーア派自体を否定はしていない。彼が重視したのは、多数派にもとづく体制を採用すべきという、現実主義的判断であったようである。

しかし、ムスリム王朝化は、イル・ハン朝宮廷で優位に立つ宗派・法学派は何かという問題を浮上させた。きっかけは、オルジェイトゥ即位後まもなく始まった、イスラーム法学派間の勢力争いであったという。

ラシードが輔弼《ほひつ》したガザンの諸改革は、イスラーム法の問題にかんしては、セルジューク朝以来イランに影響力をもつシャーフィイー学派▲にもとづいていた。しかし、ホラーサーンから中央アジアでとくにテュルク系遊牧民に影響力をもっていたのはハナフィー学派▲であり、オルジェイトゥもホラーサーン鎮守時代から同派に傾倒していたため、宮廷ではハナフィー派の発言力が増した。ラシードは、フレグ治世以来のイル・ハン朝の学術拠点であるマラーガのシャーフィイー派法学者ニザーム・アッディーン・マラーガイー(一三一六没)を招

▼シャーフィイー学派　スンナ派正統四法学派の一つ。シャーフィイー(八二〇没)を学祖とし、法解釈の法源の厳格な理論化をおこなった。セルジューク朝で公式法学的な庇護を受けて以来、イランでとくに影響力をもつ法学派であった。

▼ハナフィー学派　スンナ派正統四法学派の一つ。アブー・ハニーファ(七六七没)を学祖とする。法学者の見解(ラアイ)を重んじ、柔軟な法解釈を特徴とする。

▼クトルグシャー(一三〇七没)　マングト族。トルイ家の千戸長の孫で、アバカ治世からホラーサーンでアルグン、ガザンに仕え、ガザン治世には反対勢力制圧やシリア遠征でつねに軍の中核を担った。オルジェイトゥ政権でも第一位のアミールであったが、ギーラーン遠征で戦死した。

いて大法官に就任させ、ハナフィー派を抑えることに成功した。しかしこの競い合いは、一三〇七年、宮廷における両派の法学論争に発展し、近親相姦《きんしんそうかん》を合法とするかといった相互の法学説に対する中傷合戦が、モンゴル貴人たちの反発を買うという騒ぎを引き起こしてしまう。ガザン政権以来の重臣クトルグシャー▲は、「チンギス・ハンの新しいヤサクとヨスン▲をさしおいて、七〇余にも分かれているアラブの古い宗教に改宗するとは、我らは何ということをしたのか」と憤慨したという。

宮廷のイスラーム庇護の方向性が混迷するなか、オルジェイトゥは、シーア派のアミール・タルマタズ▲、タルマタズを後ろ盾とするサーワジー、サーワジーがオルドに招いたタージュ・アッディーン・アーワズィーというサイイドの積極的な働きかけで、一三一〇年四月、シーア派を公式に採用する勅令を発した。シーア派の学者の招聘が命じられ、イラクのシーア派学術都市ヒッラの学者アッラーマ・ヒッリー▲が、オルドに随行する「移動マドラサ」の教授として迎えられた。

しかし、オルジェイトゥはシーア派の何に共感したのだろうか。一つの有力

▼ヤサクとヨスン　ヤサクはヤサと同じ。チンギス・ハンが定めた、モンゴルの慣習法にもとづく法・規律。実像は定かではないが、モンゴル帝国諸ウルスとチンギス裔《えい》諸王朝で長く権威を持ち続け、ヤサとイスラーム法の両立が重んじられた。

▼タルマタズ（一三一九没）　アバカによりガザンの養育を委ねられたウイグル人タイジュ・バフシの子。『オルジェイトゥ史』によればガザンのシーア派への傾倒に影響を与えた。アブー・サイード治世、チョバンの権勢に抗する反乱に与し処刑された。

▼アッラーマ・ヒッリー（一三二五没）　十二イマーム派神学の発展に重要な役割を果たした学者。フレグ西征時にモンゴルの支配を容認したヒッラの指導的学者イブン・ターウース（一二六六没）に師事し、『イマーム位を知るための高貴なる道』『確信の開示』など四つの神学著作をオルジェイトゥのもとで執筆した。

オルジェイトゥのシーア派貨幣（一三一四／五年、シーラーズ）**の表面**　信仰告白に「アリーはアッラーの友である」というシーア派の文言が加わり、その周囲に十二イマームの名が刻まれている。

▼ウラマー　知識人アーリムの複数形。イスラーム宗教諸学の専門家として、歴史を通してイスラーム社会で指導的役割を担い続けた。その学識はマドラサを主とする師弟直伝の教育により修得され、修学修了書イジャーザをもって保証された。

な理由は、イスラーム共同体の指導者の資格が、預言者ムハンマドの従弟のカリフ・アリーと娘ファーティマの間に生まれた直系子孫にあるとするシーア派の教義が、天よりチンギス・ハンに与えられた世界の統治はその一族に引き継がれるべきとする、モンゴル帝国の支配正当性の思想と共通していることにあったと考えられる。シーア派採用には、当然スンナ派住民から反発が起きた。実際に改宗を強要するような政策はみられず、政権の抜本的なシーア派への転換がなされたわけではない。しかし、シーア派のフトバと貨幣発行はオルジェイトゥが没するまでおこなわれ、イル・ハン朝は約六年間「シーア派王朝」であり続けた。

　シーア派採用について、ラシードは旗幟《きし》を鮮明にしていない。おそらく阻止したかったであろう。「帝王がシーア派でありその民がスンナ派というのは、正しいことにはなりません」とオルジェイトゥを説得したとも伝えられている。しかし、オルジェイトゥの「移動マドラサ」設立を支援し、ヒッリーにも敬意をもって相対している。一方で、シーア派採用を後押ししたサーワジーが、財務に頭角を現してきた商人タージュ・アッディーン・アリーシャーと対立しは

ラシードの神学著作

表　題	成立年	内　容
『註釈集』	1305 ～ 07	クルアーンの一部章句の注釈を含む，19 編の神学論文集。
『クルアーン註釈の鍵』	～ 1307	クルアーン解釈学の書。本編（クルアーンとクルアーン解釈学者について）･続編（クルアーンの個別の主題に関する 6 論文）からなる。
『スルターン対話』	～ 1307	オルジェイトゥのもとでおこなわれた神学議論をまとめた論集。
『真理の精妙』	1309 以降	14 編の神学論文集。一部はウラマーやオルジェイトゥの質問に答えるという形式をとる。
『真理の証明』	1309 ～ 11	主君オルジェイトゥの賞讃・箴言を含む 17 編の論文集。
『質問と回答』	1310 ～ 12	59 人の学者に神学上の質問を送り，回答をまとめたもの。

じめると、ラシードは二人の対立から距離をおきつつもアリーシャーを後押し、長年の同僚を見捨てた。一三一二年、サーワジーは財務不正の科《とが》で仲間たちとともに処刑された。同年、ラシードはシーア派採用推進の中心人物であったアーワズィーを偽サイイドと告発し、処刑に追い込んだ。シーア派採用問題をめぐる宮廷での権力争いという局面では、ラシードはこの機に新たに宮廷で力を増すおそれがあった人間たちを、巧みに排斥することに成功した。シーア派問題は、彼の地位を脅かすことにはならなかったのである。

ラシード神学著作集

ラシードの六つのペルシア語イスラーム神学著作は、一三〇五～一二年、つまりオルジェイトゥの即位からシーア派公式採用に至る、イル・ハン朝の宗教問題が起きたほぼその時期に執筆されている。

正統的なイスラーム宗教諸学の教育を受けたウラマー▲ではないラシードが、神学やクルアーン解釈学の著作を著したのは、当時の常識に照らせば型破りなことであっただろう。神学著作集写本には一一五人におよぶ学者からの献辞が収録されているが、正統的ウラマーの承認によって、自著を正当化しようとしたものと考えられる。この献辞集だけで、当時のイラン高原の学術界と、ラシードが築いていた広い知識人ネットワークを伝える貴重な史料となっている。

イスラーム思想研究者ファン・エスは、ラシードの神学著作はガザーリー▲などの主流的思想の焼き直しで学術的意義はない、イスラーム学の学識を誇示するために書いたものだと、厳しい評価をくだしている。だが近年の研究では、一三〇七年頃に著された『スルターン対話』以後、イル・ハン宮廷の宗教問題が尖鋭化していった時期の著述は、オルジェイトゥの要請により宮廷でおこなわれた神学討論を反映させながら、オルジェイトゥが本源的にイスラーム的君主としての資格を備えていることを示す主張を打ち出そうとしていたことが、注目されている。つまりこれらの著作は、ラシードがオルジェイトゥの王位をイスラーム的に正当化し、イル・ハン朝が奉じるべきイスラームを模索した作品としても、とらえることができよう。

ではその同時代の評価はどうだったのだろうか。献辞を寄せたウラマーやワッサーフは、ラシードをムジャッディド▲(世紀の変わり目に現れる革新者)とまで

▼**ガザーリー**(一一一一没)　セルジューク朝期に生きた、イスラーム思想史上もっとも重要な思想家の一人。スーフィズムに立脚した宗教諸学の再構成を通し、スンナ派イスラーム思想の確立に貢献した。

▼**ムジャッディド**　預言者ムハンマドのハディース「神は世紀の変わり目にウンマのため宗教上の事柄の革新者(ムジャッディド)を遣わす」にもとづき、ヒジュラ暦の世紀移行期に登場した高名な学者や為政者などは、しばしばムジャッディドと呼ばれた。

▼**イブン・ハジャル**(一四四九没)　マムルーク朝期エジプトに生きた、ハディース学者・シャーフィイー派法学者。イスラーム宗教諸学を中心とする一五〇もの著作を残した。人名録『隠れた真珠』では簡潔なラシードの伝記も記している。

▼**イブン・タイミーヤ**(一三二八没)　シリアのハッラーン出身。幼時にモンゴルのシリア侵攻を逃れてダマス

呼んで称賛している。一方、ラシードの庇護を受けているわけではないマムルーク朝のウラマーの批判は、かなり厳しい。ハディース学者イブン・ハジャル▲は、ラシードが「クルアーン注釈書を哲学的な方法で著し、異端と非難された」と述べている。ラシードが示した見解は、正統的イスラーム宗教学を逸脱したものと受け止められていた。ここでは、近代イスラーム政治思想にも影響を与えた法学者、イブン・タイミーヤ▲によるラシード批判を取り上げてみよう。

イブン・タイミーヤは、アッバース朝カリフ権滅亡後の政治的秩序を、ただイスラーム法の遵守に求めた思想家である。その思想と生涯は、モンゴルの侵攻と切り離せない。三回のガザンのシリア遠征に際して、彼はたとえイスラームに改宗していようと、イスラーム法を正しく遵守しないモンゴルとの戦いはジハード▲であるとのファトワー▲を発し、抗戦を鼓舞した。彼が発した三つの「反モンゴル・ファトワー」は、のちにその歴史的文脈を離れ、急進的イスラーム主義の武力行動の正当化に利用されたことでも知られている▲。

彼がラシードとその神学著作に言及したのは、オルジェイトゥのシーア派採用後、イル・ハン朝を批判したファトワーにおいてである。そこでイブン・タ

クスに移住した。ガザンの第一次シリア遠征におけるダマスクス征服時には交渉団に加わり、ラシードにも面会している。権力に追随的なウラマーやスーフィズムを厳しく批判したため攻撃を受け、獄中で没した。その思想は同時代には認められなかったが、十八世紀アラビア半島のイスラーム純化運動ワッハーブ派に再評価され、近現代のイスラーム主義運動の思想形成にも影響を与えた。

▼ジハード　神の道のための努力を本義とし、古くから異教徒との戦いの意味で用いられた。異教の地にイスラームの家(イスラーム法が施行される領域)を広げる「拡大ジハード」が集団的義務(個々人の義務ではない)であるのに対し、異教徒の侵略からイスラームの家を守る「防衛ジハード」は全ムスリムの個人的義務(ファルド・アイン)とされる。

▼ファトワー　イスラーム法に関わる個別の問題に関し、ムフティー(ファトワー発行者)が質問に答えるかたちで発行される勧告。拘束力は無いが、イスラーム法にもとづく判断基準として影響力をもつ。

イミーヤは、こう述べている。

彼らのワズィール、ラシードとして知られる愚か者は、これらの［非ムスリムやシーア派の］集団を統《す》べ、ラーフィダ（棄教者）・ムラーヒダ（不信心者）［いずれもシーア派に対する否定的呼称］のような悪のムスリムを知識と信仰の徒である善きムスリムに優先させている…（中略）…この悪質な異端者、偽善者はある著作を著しているが、その内容は預言者――神の祝福があらんことを――がユダヤ教徒とキリスト教徒の宗教を承認し、彼がそれを拒み非難しなかった、彼らの信仰を禁じず、イスラームへ移るよう命じなかったというものである。この無知で悪質な男は、［クルアーン「不信仰者たち章」の］神の言葉から推論し、この章句は、彼［ムハンマド］が彼らの宗教に同意していたことを意味すると主張している。この章句は確実な節であり、決して廃棄されたものではないというのだ。

これは論文集『註釈集』のなかの、聖典クルアーン第一〇九章「不信仰者たち章」第六節▲の「廃棄」（ナスフ）を疑問視する論考を指している。預言者ムハンマドによるイスラームの創始の過程でくだったクルアーンの神の啓示には、

▼反モンゴル・ファトワーの影響　エジプトの急進的イスラーム主義集団ジハード団（一九八一年、サダト大統領を暗殺）の思想家ムハンマド・アブドゥッサラーム・ファラジュの『隠された義務』や、アルカーイダ指導者ビン・ラーディンの対米ジハード宣言（一九九八年）では、イブン・タイミーヤのファトワーが引用されている。

▼「不信仰者たち章」第六節　「おまえたちにはおまえたちの宗教があり、私には私の宗教がある」という啓示で、異教徒の信仰に対する不干渉の原理が示されていると考えられてきた。

一部相矛盾してみえる啓示も含まれている。そこで、矛盾を生じる一部の啓示は、のちにくだった新しい啓示により「廃棄」されたとするクルアーン解釈学の理論が生まれた。とくに異教のメッカ勢との戦闘開始に際しくだった第九章「悔悟章」第五〜六節▲は、それ以前の異教徒との相互不干渉を認める啓示を「廃棄」するものとされた。だがラシードはその啓示の廃棄に疑義を呈し、それをイブン・タイミーヤは指弾したのである。

イブン・タイミーヤのラシード批判は、ただ学術的議論にとどまるものではない、シーア派を採用したイル・ハン朝への批判である。彼は、アッラーマ・ヒッリーがオルジェイトゥに献呈した、スンナ派批判とシーア派の優位を主張する神学書『イマーム位を知るための高貴なる道』に対し、大部な論駁書《ろんばく》『スンナの道』を著して反論している。これは、「宗派的曖昧性」を共有する交流もあったスンナ派・シーア派学術界に、新たな緊張をもたらしたという［水上二〇一九、四九〜五〇頁］。

モンゴル時代は、イスラーム思想が再び「相容れぬ他者の侵略」に直面した時代であった。十一世紀から続いた十字軍との長い戦いは、イスラーム社会に

▼**「悔悟章」第五〜六節**　悔悟章は異教徒との盟約が破棄され戦いが命じられる啓示群であり、第五〜六節は「剣の節」と呼ばれ、第二章第二五六節「宗教に強制はない」、第六章第一一二節「彼らと彼らの捏造するものを放っておけ」などを「廃棄」するとされた。

ラシード存命中に作成された神学著作集『ラシード全集』写本（フランス国立図書館蔵）

他宗教への不寛容を広げたとされる。イブン・タイミーヤがイル・ハン朝とラシードに向けた批判は、モンゴルという「他者」がもたらした危機に相対したイスラーム社会の反応の一つを示している。それとともに、新生イスラーム国家としてのイル・ハン朝の苦闘を映しているともいえるだろう。カリフ権の実質的消滅後の政治的秩序を模索するイスラーム社会で、カリフ殺害者でもあるイル・ハン朝のムスリム王朝としての自己主張は、単なる改宗だけで成立しえたわけではなかった。そのなかで、伝統的クルアーン解釈理論をさしおいても、他宗教を容認する啓示を肯定的にとらえようとしたラシードの意図はなんだったのか。それは学識の誇示という理由だけでは説明しがたいだろう。自身、元ユダヤ教徒であることをたびたび追及された改宗者として、多宗教・宗派が共存し、モンゴルの伝統とイスラーム的正当性を両立させねばならないイル・ハン朝のために、彼はどのような思想を希求していたのか。ラシード神学著作集の研究は、まだ多くの課題を残している。

イル・ハン朝宮廷で編纂されたペルシア語歴史書作品

編纂者	表　題	成立年	内　容
ジュワイニー	『世界征服者の歴史 *Tārīkh-i Jahān-gushāy*』	1260	ニザール派討滅までのモンゴル帝国史
バイダーウィー	『諸史の秩序 *Niẓām al-Tawārīkh*』	～1276	普遍史．ペルシア語普遍史の様式を確立
ラシード・アッディーン	『集史 *Jāmiʿ al-Tawārīkh*』	1310	普遍史
ワッサーフ	『ワッサーフ史 *Tārīkh-i Waṣṣāf*』	1312	『世界征服者』続編のモンゴル帝国史
カーシャーニー	『オルジェイトゥ史 *Tārīkh-i Ūljāytū*』	～1317/18	オルジェイトゥ治世の年代記
バナーカティー	『バナーカティー史 *Tārīkh-i Banākatī*』	～1317	普遍史
ムスタウフィー	『選史 *Tārīkh-i Guzīda*』	1330	普遍史
シャバーンカーライー	『系譜集成 *Majmaʿ al-Ansāb*』	1332～43	普遍史

⑤―『集史』が描いた新しい世界像

「世界最初の世界史」編纂をめぐる新発見

ラシードが歴史にその名をとどめているのは、何よりも史書『集史（ジャーミウ・アッタワーリーフ、諸史の集成）』の編纂によってである。ペルシア語文学史におけるモンゴル時代は、たぐいまれな歴史叙述の黄金時代であり、ジュワイニーの『世界征服者の歴史』をはじめとして、イル・ハン朝宮廷のもとで多数の歴史書が編まれた。ラシードはその代表的作品である『集史』の編者であるとともに、ワッサーフやムスタウフィーらの史家を支援し、イル・ハン朝後半期の歴史叙述活動の活性化に寄与した。

『集史』がどのような構成で編纂されたか、『ラシード区ワクフ文書』の写本作成指示書や神学著作集写本に収録された著作目録などが伝えているが、それらによると、『集史』は最終的にモンゴル史、世界史、世界地誌、系図集の四巻構成をとった。ラシードが『集史』総序文で語るところによれば、ラシードはガザンの命を受け、第一巻にあたるモンゴル帝国史『ガザンの祝福された歴史』の編纂を開始した。しかし完成前にガザンは没し、作品はオルジェイトゥに献呈された。オルジェイトゥは、自身の治世に関する続編と、モンゴル帝国と関わりをもった世界の諸地域の歴史・地誌の編纂を命じた。これを受けて第二巻世界史、第三巻世界地誌（現存せず）が編纂され、一三〇七年、三巻本として献呈された。第四巻の系図集は、系譜集成『五族譜』▲がそれにあたるとされている［赤坂一九九四］。

本書冒頭でも述べた「世界最初の世界史」としての『集史』の評価は、第二巻の世界史によっている。前近代のイスラーム社会において、「世界史」は普遍史▲という様式で著された。それはイスラームの一神教的歴史観にもとづいた、神による天地創造と最初の人間かつ預言者たるアダムから、最後の預言者ムハンマドに至る預言者▲の系譜を軸とした人類の歴史、そしてムハンマド以後の正統カリフからウマイヤ朝、アッバース朝、そのもとで勃興したムスリム諸王朝の歴史を同時代まで描くイスラーム史である。そのなかで、世界の諸民族は、預言者ヌーフ（聖書「創世記」のノア）の三子サーム、ハーム、ヤーフィス（セム、ハム、ヤペテ）▲から分岐した人類の系統樹に位置づけられた。イラン高原のペ

▼**『五族譜』**（シュアビ・パンジュガーナ）　トプカプ宮殿博物館に写本が残る系図集。『集史』にもとづき、さらに独自情報を加えたアラブ・モンゴル・フランク・ユダヤ・中国の五民族の系図と十四世紀までのチンギス家の系図からなる。ティムール朝・ムガル朝では、この系図をさらに発展させた『高貴系譜（ムイッズ・アルアンサーブ）』がつくられた。

▼**普遍史**　近代以降の歴史学研究にもとづいて再構成される「世界史」とは異なる、おもに前近代キリスト教社会やイスラーム社会において、一神教の世界認識にもとづいて構成された人類史のこと［大塚二〇一七］。

▼**預言者**　イスラームでは、ユダヤ教・キリスト教・イスラームの一神教の歴史を、神から遣わされた預言者たちの連続した歴史としてとらえる。最初の預言者アダム以後、ノア、アブラハム（一神教の祖）、モーセ（ユダヤ教の祖）、イエス（キリスト教の祖）の大預言者を中心とする多数の預言者たちの最後に、イスラームの預言者ムハンマドが位置づけられる。

●―『集史』の構成

第1巻　『ガザンの祝福された歴史』（モンゴル史）
第1部「テュルク諸部族の出現とその分岐について」［66頁詳述］
第2部「モンゴル・テュルク諸部族とその他の帝王たちの物語」
　第1章　チンギス・ハンの祖先の物語
　　［10物語＝神話的始祖からチンギスの父イェスゲイまでの系譜］
　第2章　チンギス・ハンとその名高い一門の物語
　　［チンギス・ハン→（チンギス4子とその一族）オゴデイ→ジョチ→チャガタイ→トルイ→（モンゴル帝国〜元朝）グユク→モンケ→クビライ→テムル（在位1294〜1307）→（イランのイル・ハン朝史）フレグ→アバカ→アフマド・テグデル→ガイハトゥ→ガザン］

第2巻（世界史）
・イスラーム史とイラン史［イスラーム的歴史観にもとづく伝統的ペルシア語イスラーム史叙述］
　第1部：古代イラン史：ピーシュダード朝，カヤーン朝，アシュカーニー朝，サーサーン朝
　第2部：預言者史，カリフ史，イスラーム時代のイラン史
　　［アダム〜ノア〜アブラハム〜……〜ムハンマド］
　　預言者ムハンマド伝
　　カリフ史：正統カリフ〜ウマイヤ朝〜アッバース朝
　　イスラーム期イラン史:ガズナ朝，セルジューク朝，ホラズムシャー朝，サルグル朝，イスマーイール派
　　※4王朝は，つぎの「オグズ史」オグズ族に起源をもつテュルク系王朝が選ばれている。
・オグズ史「オグズの歴史とその伝記」［テュルク系オグズ族の始祖オグズの系譜・誕生・世界征服／オグズの子孫（オグズ族）の系譜］
・中国史「チーンと呼ばれるヒタイの帝王たちの諸集団の歴史……」
　中国地誌／序章［中国文化］／中国史［36段＝三皇五帝〜金・南宋］
・ユダヤ史「イスラエルの民の歴史」［アダムからエズラまでのユダヤ教の歴史］
・フランク（ヨーロッパ）史
　第1部：キリスト教史［4門＝アダムからイエス・キリストまで］
　第2部：ヨーロッパ地誌，歴史［4門＝(1)キリスト教諸宗派，(2)・(3)ヨーロッパ地誌，(4)同時代までのローマ教皇・皇帝史（ローマ帝国〜ビザンツ帝国〜神聖ローマ帝国)］
・インド史「インドとスィンドとカシミールの歴史」
　第1部：インド地誌・インド史［10章＝(1)インドの暦，(2)〜(4)インド地誌，(5)〜(10)同時代までのインド史］
　第2部：釈迦牟尼伝と仏教論（20章）

●―アラビア語訳「中国史」第16段「ハーン・ガーウズー（漢の高祖）」（14世紀写本，ハリーリー・コレクション蔵）　「中国史」の典拠は元朝の2学者がもたらした，「魏の陳留王（3世紀）時代，3人の「和尚」により書かれた史書」とされる。

●―アラビア語訳「インド史」第2部，魔神マーヤと対面する釈迦（ハリーリー・コレクション蔵）　第1部（地誌・歴史）は大部分がガズナ朝の学者ビールーニー（1050以後没）『インド誌』に拠るが，第2部の釈迦牟尼伝・仏教論は，カシミール出身の仏僧カマーラシュリー・バフシからの聞き取りにもとづいている。

ルシア語世界では、これにサーサーン朝滅亡までのイスラーム以前のイラン世界の神話・歴史伝承を加え、アッバース朝以後の歴史をイラン高原のムスリム諸王朝を中心に描く、ペルシア語普遍史叙述が発展した。『集史』世界史も、基本的にはこのペルシア語普遍史を踏襲したものである。だが、それに従来はイスラーム的歴史認識の外部にあった中国、ヨーロッパ（フランク）とキリスト教世界、インドと仏教、ユダヤ教徒（イスラエルの民）などの歴史を加え、相互に交渉をもたなかった世界の歴史を一つにまとめたという点で、前例のない「世界史」となった。

『集史』世界史が、モンゴル帝国におけるユーラシア規模の人・物・情報の交流、そして多言語文献の蒐集・翻訳が可能であったイル・ハン朝の学術環境があってこそ生まれた歴史書であることは、言を俟《ま》たない。ラシードは、このようなモンゴル帝国の知のコスモポリタニズムを体現する知識人、「最初の世界史編纂者」の栄誉を与えられてきた。

しかし近年、第二巻世界史は、『オルジェイトゥ史』の著者カーシャーニーがガザンの命を受けて編纂していた『歴史精髄▲』を、ほぼ写したものであった

▼サーム、ハーム、ヤーフィス（セム、ハム、ヤペテ）　聖書「創世記」の諸民族起源説を継承して、イスラームではサームが一神教の預言者の系譜を含むアラブ人やペルシア人、ハームがアフリカ人やインド人、ヤーフィスがテュルクを含む東方の諸民族の祖先とされた。

方舟に乗るノアと三人の子（ハーフィズ・アブルー『歴史集成』写本挿絵、十五世紀、デイヴィッド・コレクション蔵）

▼『歴史精髄』　カーシャーニーが一三〇〇／一年にガザンに命じられて執筆を開始した歴史書。前半部は「イスラーム以前の歴史」（イスラーム

以前のイラン史）と「イスラーム時代の歴史」（ムハンマド〜アッバース朝史）、後半部は一八部からなる世界の諸王朝の歴史という構成をとる。

▼**『珍貴の書』**（タンスーク・ナーマ）『王叔和脈訣《おうしゃくわみゃくけつ》』とその他の医薬書、また政書『泰和律令《たいわりつりょう》』などの漢文学術文献をペルシア語訳した集成。序文ではラシードの中国文化に関する考察が示されている。

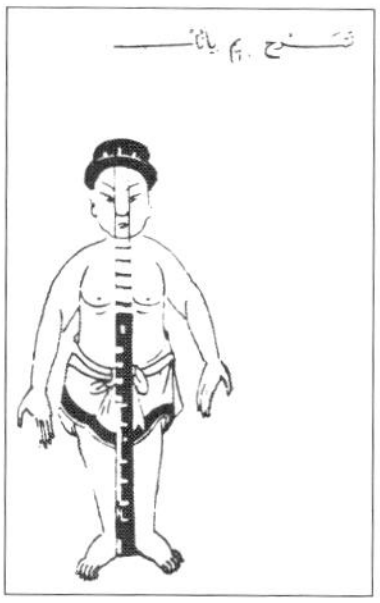

『珍貴の書』写本（トプカプ宮殿博物館蔵）　『脈訣』から陰陽と呼吸の図解を忠実に写し取った挿絵。ペルシア語で「陰陽の解説」とある。

▼**『事績と生命』**　果樹・穀類・野菜などさまざまな種類の農作物と栽培法を解説する農書。クビライ治世の元朝の情報も含まれる。

ことが、大塚修により明らかにされた〔大塚二〇一四〕。カーシャーニーは、自作が受けるべき褒賞をラシードに盗まれた怒りを『オルジェイトゥ史』に記している。しかしその主張は、大塚が写本を精査するまで、ほとんど真面目にとりあわれなかった。「世界最初の世界史編纂者」というラシード像が、どれほど大きかったかがわかる。

　とはいえ、『集史』世界史編纂におけるラシードの功績が修正されても、モンゴル帝国期のコスモポリタン知識人というその像が、まったくの虚像であったわけではもちろんない。彼がイル・ハン朝宮廷に集まるとくに東方からの高度な学術情報に通暁し、それを活用するプロジェクトをおこなっていたことは、彼の科学著作に見てとることができる〔宮二〇一八、下巻、第一八〜一九章〕。医書『珍貴の書（タンスーク・ナーマ）』▲は、漢文医薬書のペルシア語訳だが、中国医学の理論・術語の独自の翻訳法の精緻さとともに、ラシードの中国文化への深い関心と理解がうかがわれる。『事績と生命』▲は、イスラームの伝統的科学書の一ジャンルである農書だが、そのなかにはインド・中国の果樹・作物も多数紹介され、一部の作物はラシードが自ら実験栽培していたことも示されて

▼**ボラド・チンサン**(一三一三没)チンギス・ハンのバウルチ(食膳係)であったブルキ(ドルベン族)の子。クビライにバウルチとして仕え、一二八五年イランへ派遣され、オルジェイトゥ治世に没するまで歴代イル・ハン政権で高位を占めた。ラシードに協力して帝国東方の情報や中国文化を伝える役割を担ったと考えられている。

いる。『集史』世界史編纂をめぐる新発見は、モンゴル帝国下におけるユーラシア東西の文化交流が、ラシードやカーシャーニーら、多くの知識人たちにより担われていたことを、改めて示してくれたといえよう。

イスラーム的テュルク・モンゴル民族史の創造

一方、ラシードが自ら編纂した『集史』第一巻モンゴル史は、異なる意義をもっていた。それは、イル・ハン朝宮廷に集められた情報をもとに、ユーラシアに広がるモンゴル帝国の歴史を描き出すとともに、イル・ハン朝のモンゴル的・イスラーム的な支配の正当性を打ち出そうとするものであった。

モンゴル史は、二部から構成される。第一部は、モンゴル帝国を構成する遊牧諸部族を四分類し、各部族の系譜と主要な部将たちの経歴を同時代まで詳述するもので、現在、モンゴル遊牧連合帝国の構成を相当に詳しく再構成できるのも、ほぼこの第一部の存在によっている。第二部は、神話的始祖伝承に遡るチンギス・ハンの祖先の歴史(第一章)と、チンギス・ハンおよびその四子が築いたモンゴル帝国の歴史(第二章)である。チンギス・ハン本紀《ほんぎ》(ペルシア語でダ

▼**アラン・ゴア**　『元朝秘史』（十三世紀成立）に登場する、ボルテ・チノ（蒼い狼）の子孫ドブン・メルゲンの寡婦。天の光によって懐妊し、カタギン氏、サルジウト氏、ボルジギン氏の祖となる三人の子を産んだ。ボルジギン氏のキヤト・ボルジギン氏が、チンギス・ハンの氏族である。

十五世紀のテュルク系譜に登場するアラン・ゴア（ティムール朝王子バイスングルの画集、トプカプ宮殿博物館蔵）

ースターン、「物語」）に続いて、まず第二代皇帝オゴデイを筆頭に、ジョチ、チャガタイ、トルイの四子の本紀、それから歴代皇帝の本紀があり、元朝史へ続く。その後、フレグからガザンまでのイル・ハン朝史となる。各本紀はハトン・子女の一覧と系図、治世の歴史、事蹟集の三編からなるが、事蹟集本文が残っているのはチンギス、オゴデイ、モンケ、ガザンのみである。

ラシードは、宮廷に保管された記録、元朝から来たボラド・チンサン▲やモンゴルの歴史・系譜に造詣が深かったガザンその人をはじめとする要人たちからの聞き取り、そしてモンゴル侵攻期のムスリム史家たちの史書も用いて、モンゴル史を編纂した。しかし、モンゴル史は帝国の歴史の忠実な記録というより、元朝とイル・ハン朝のトルイ家、およびガザンを生んだアルグン家による支配を正当化するねらいをもって構成されたことがうかがわれる。ジョチ、チャガタイ家の歴史は簡潔であり、イル・ハン朝史ではアフマド、ガイハトゥ本紀は否定的に叙述され、ガザンに倒されたバイドゥの本紀はない。

さらにラシードには、イスラーム的普遍史でもある『集史』において、異教徒でありながらイスラーム社会の支配者となったモンゴルの起源を、一神教的

「モンゴル史」第１部「テュルク諸部族の出現とその分岐について」

［序：テュルク諸部族がアブルジャ・ハン（ノアの子ヤーフィスまたはその子）の子ディブ・ヤグイの４子（カラ・ハン，オル・ハン，グル・ハン，コズ・ハン）の子孫であり，カラ・ハンの子オグズ・ハンに従った諸部族（オグズ24支族を含む）と離反した諸部族に二分されることを説明。］

第１章：オグズと彼の子孫から出た既述の24支族，および彼と同盟した一部の兄弟・従兄弟の歴史と逸話

第２章：現在モンゴルと呼ばれるテュルク諸部族

第３章：別個に帝王・指導者を戴いていたテュルク諸部族

第４章：昔からモンゴルと呼ばれていたテュルク諸部族

歴史観にもとづいて説明するという課題があった。またチンギス・ハン一族にはアラン・ゴア▲に遡る始祖神話があり、二つの歴史世界を矛盾なく両立させなければならなかった。そこでラシードは、モンゴル史第一部を、イスラーム的人類系譜でヤーフィス（ヤペテ）の子孫とされていたテュルク系遊牧諸部族の歴史とし、そのなかにモンゴルを取り込むかたちで四章構成に組み立てた。まず第一章は、セルジューク朝以来、西アジアの多くの軍事諸政権の建設者・主勢力として活躍してきたオグズ＝トゥルクマーン族について、そして第二〜三章はモンゴル帝国拡大の過程でその傘下に入ったテュルク系諸部族、第四章が「昔からモンゴルと呼ばれていた諸部族」、すなわちモンゴルである。多様な集団を取り込み形成されたモンゴル帝国の構成をかなり忠実に描いている一方で、その枠組みはイスラーム的人類史観にもとづいている点が注目される。

そして、モンゴルが異教徒であった理由を、オグズ＝トゥルクマーンの始祖伝承オグズ・カガン説話▲をイスラーム的に潤色して用い、説明する。すなわち、ヤーフィスの子孫であるオグズ・ハン（オグズ・カガン）は、父の代までに一神教を離れていたのだが、イスラーム教徒として生まれ、異教徒の親族を打ち負

▼オグズ・カガン説話　オグズ族が伝承してきた神話的祖先オグズ・カガンの物語。文字記録としては知られている限り『集史』がもっとも古いものだが、十五世紀成立と考えられるウイグル文字テュルク語のテクストが存在する［本田・小山一九七四］。

ウイグル文字テュルク語版『オグズの書』（十五世紀、フランス国立図書館蔵）

▼エルゲネ・コン伝説　戦いに敗れたテュルクの民が、伝説の峡谷エルゲネ・コンに逃れ、やがて狼の導きで帝国を打ち立てるという建国伝説。

かした。その子孫がイスラームを受容したオグズ＝トゥルクマーン二四氏族となるのだが、モンゴルは、オグズと戦い敗れた親族の末裔なのである。かれらはエルゲネ・コン▲の山に逃れて生き延びるという、これもテュルク系民族の伝承に由来する物語をへて、アラン・ゴアの系譜に結びつく。ラシードはいう。「すべてのモンゴル人は彼ら（オグズ・ハンの親族）の血筋であるとされている。その時代、彼らは皆不信仰者であったが、時が過ぎるとともに、一神教の一門に加わったのである」。最後の言葉が示唆するのはガザンの改宗とイル・ハン朝のイスラーム化であり、ガザンによるイスラームへの「回帰」によって、モンゴルの統治は正当化されるのである。

　ラシードがイル・ハン朝の正当化のために構築したこのイスラーム的テュルク・モンゴル諸民族史叙述は、その後、史家ムスタウフィーやティムール朝時代の歴史家たちによる再編をへて、テュルク系諸王朝の覇権下のイスラーム歴史叙述に、大きな影響を与えていった。「世界最初の世界史編纂者」ではなかったラシードであるが、『集史』モンゴル史によって、まぎれもなく「歴史を作った」歴史家となったのである。

ラシード区全景復元図

知の拠点ラシード区

ラシードがその権力の絶頂にのぼりつめたオルジェイトゥ治世の初期、タブリーズ東郊外に建設を開始したのがラシード区（ラブイ・ラシーディー）である。現存する『ラシード区ワクフ文書』が詳細に伝えるその文化施設群、またそこで営まれたと考えられる学術活動は、学知の活性化の時代としてのモンゴル帝国時代を象徴する知の拠点というイメージを、この施設に与えてきた。では、このラシード区とは、いかなる施設だったのだろうか。

ラシード区は、ガザンのガザニーヤと同じく、墓廟を核とした宗教・慈善建築群であった。ラシード家の家族廟、モスク、マドラサ、クルアーン学校、図書館（写本工房）、管財人住居などからなるラウダ（庭園）と名づけられた中庭形式の複合建築を中心に、病院、ハーンカー、旅行者用宿坊の三施設があり、その周辺に約三五〇人におよぶ雇用者の居住区が外壁で囲まれて、ガザニーヤより小規模ではあるが、さながら小都市の相貌を呈していた。

この運営財源として、ラシードは多数の不動産をワクフ（寄進）したわけだが、イスラーム社会におけるワクフの広がりを考える時、忘れてはならないのが

「家族ワクフ」▲の重要性である。ラシードには、詳細は不明だが少なくとも十人以上の息子、娘たちがいた。『ワクフ文書』で定められたワクフ財収益の使途の条件をみると、収益からラシード区の施設維持費を引いた半分がラシード区の運営に、半分がラシードの子どもたちに代々分配されるようになっている。また運営費の十分の一を受給する管財人・監督官・監察官のワクフ運営職は、ラシード家で代々継承されることになっていた。つまりワクフ収益の半分以上は、ラシード一族に入り続ける仕組みになっているのである。これが家族ワクフであり、権力を通し莫大な富を得ていたラシードは、当時の権力者たちと同じく、イスラーム的善行の実践を誇示しつつ、財産を相続による細分化や危機に際しての収奪から守る手段として、ラシード区を設立したのであった。

しかし、一面では富の保全という実利的な目的もあったとしても、文化・社会福祉に大きな役割を発揮するのがワクフである。ラシード区の旅行者用宿坊では一日あたり旅行者三〇人に宿を、一〇〇人に食事を提供し、寡婦の支援やイスラームの祝祭日における特別のふるまいも、ワクフ文書の条件に定められていた。病院は病人の治療と医学教育を、クルアーン学校では孤児たちの教育

▼家族ワクフ　宗教・慈善施設等を建設して不動産などの財産をワクフし、管財職後継者に一族・子孫を指名するとともに、ワクフ財収益の一部を一族に分配する規定をワクフ文書に盛り込むことで、実質的に財産の管理・収入を一族で保持する方法。分割相続を原則とするイスラーム財産相続法による富の細分化や、不安定な政治状況下で起こりがちな財産没収から財産を守る手段とされた。

『ワクフ文書』から復元されるラシード区の構成

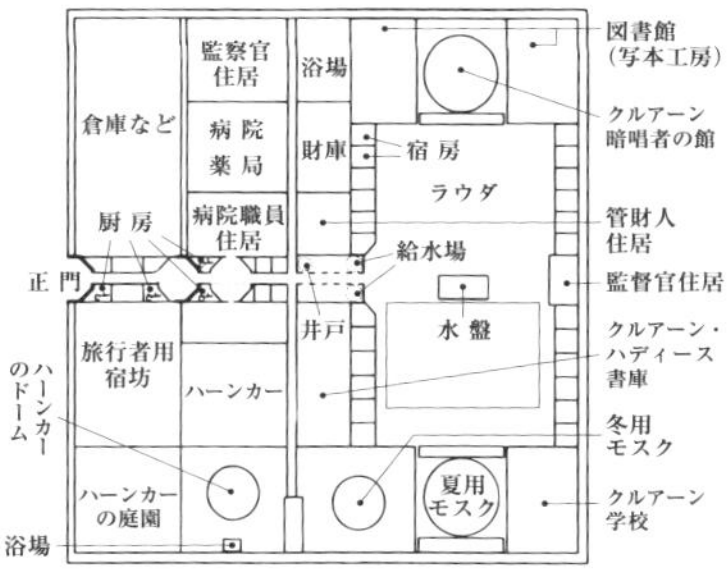

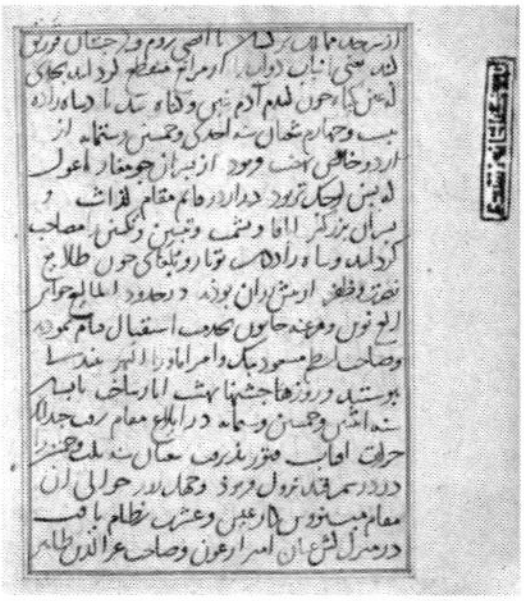

ラシード区のワクフ印のある『ワッサーフ史』著者自筆写本（一三一二年、ヌール・オスマニエ図書館蔵）

をおこなった。マドラサは一二人（のち二五人に増員）の学生がクルアーン解釈学とハディース学を主として、数学・農学・植物学・治水学などの学問も学ぶことができた。学生は在学中、ラシードの著作から少なくとも一作の写本を作成することが義務づけられた。ラシード区の写本工房は、ラシードの著作の出版局という役割ももっていたようである。美術史上のイル・ハン朝時代の重要性は、元朝からもたらされた中国美術の影響、とりわけ絵画技術の伝播によるペルシア細密画の革新的発展にあるが、『ワクフ文書』の指示に従いラシード存命中に作成された『集史』アラビア語訳写本の挿絵（六一頁図版参照）には、中国絵画技法の吸収ぶりがうかがわれる［桝屋二〇一四］。前述の『珍貴の書』や『事績と生命』の研究も、ラシード区でおこなわれた可能性が高いだろう。

イスラーム社会で広くおこなわれた家族ワクフの機能をもつ墓廟・慈善複合施設として設立されたラシード区は、イル・ハン朝における文化・学術活動を取り仕切ったラシードのもとで、イラン高原に流入してきたグローバルな知識・技術を実践する学術センターの機能も帯びることになったのである。

▼**タージュ・アッディーン・アリーシャー**（一三二四没）　タブリーズの織物・宝石商。オルドに出入りしてアミールやオルジェイトゥの信用を得、サーワジー処刑後、ラシードの推薦でワズィールとなった。イル・ハン朝で唯一自然死したワズィールといわれる。タブリーズの史跡「アリーシャーのアルグ」は、彼が建造した巨大モスクの遺構である。

アリーシャーのアルグ（タブリーズ）

⑥—ラシードの死とイル・ハン朝の滅亡

失脚と処刑

オルジェイトゥ治世末期、ラシードの権勢には、自らサーワジーの後任として推した新ワズィール、タージュ・アッディーン・アリーシャー▲との関係悪化が、しだいに影を落としはじめた。二人の対立は一三一五年、オルジェイトゥの幼い王子アブー・サイードのホラーサーン鎮守就任における軍費調達をめぐって表面化した。財政問題は二人の責任だと主張するアリーシャーを、ラシードは「あなたのアル・タムガとバラートと署名で財務と徴税はおこなわれている」と突っぱねた。上位のワズィールだがディーワーン統括者ではなく、権限や責任は曖昧という、ラシードの地位の特異さが露呈した対立であった。

軍費の責任問題は解決されないまま、ラシードは持病の脚痛を理由に蟄居《ちっきょ》してしまう。その間に、ラシードと親しい第一位のアミールのチョバンに、アリーシャーが管轄した過去三年分の会計監査を命じる勅命がくだった。再び自分が関与しないところでライバルが失脚することを、ラシードは期待したのだろ

▼**アブー・サイード**（第九代、在位一三一六〜三五）　母はオイラト族のハーッジー・ハトン。一〇歳でホラーサーン鎮守に任命され、父没後、アタベクのセヴィンチ（一三一八没）とチョバンの保護下で即位した。即位後、オルジェイトゥがおこなって

うか。窮地に立たされたアリーシャーは、夜半にオルジェイトゥのもとへ赴き、監査中止を懇願した。翌日これを知ったチョバンは、「フレグ、アバカの御代ならば、陛下への上奏を望むなら、まずアミールらに相談せねばならなかったものだ。今やタージークがアミールとの相談もなく、夜半陛下と二人きりで話をするようになったのか！」と憤慨したという［『オルジェイトゥ史』三五八頁］。タージークとモンゴル貴族の格差はそれだけ大きかったのであり、イル・ハンからの私的信頼により他のタージーク官僚を凌ぐ力をふるいえたラシードの権力も、そこに拠っていた。だがここに至って、その特権も危うくなった。

立場は逆転し、今度はアリーシャーがラシード身辺の会計監査を訴えた。「全税収の四分の一を取っていた」というラシードと息子たちによる国庫の私物化、各地の税収やイル・ハンのワクフ管財職の手当、ハトンたちの財、ワズィールの経費、『集史』褒賞など、ラシードがもつ多岐にわたる「金脈」が暴かれた。「これはすべて彼が盗んだ陛下の財なのです！」とアリーシャーは告発した。

カーシャーニーによれば、オルジェイトゥはアリーシャーに対して、ラシードを「ヤサに処す」、すなわち処刑する命令を与えたという。だがアリーシャ

いたシーア派のフトバ・貨幣は撤廃され、イル・ハン朝は「スンナ派王朝」となった。一三一九年のアミール反乱の平定で「バハードゥル・ハン(英雄王)」の称号を得る。ペルシア語で詩を詠んだ最初のイル・ハンとされる。

アブー・サイードの貨幣（タブリーズ、一三一八／九年）　表面(右)の信仰告白の周辺には、スンナ派のシンボルである四正統カリフの名が刻まれている。

ーはその長年の献身を理由にラシードの助命を求め、ラシードは敵の情けで命脈をつなぐ結果になった。その後まもなく、ラシードを長年重用してきたオルジェイトゥは病没した。ラシードの優位のもと権力を分け合う二人ワズィール体制は、ここで終わったといえる。

オルジェイトゥ没後、ホラーサーンからアブー・サイード▲が帰還して即位した。まもなくタージーク官僚たちは、アリーシャーとラシードのどちらに与するか、策謀を開始した。ラシードはアリーシャー排斥の陰謀に加担しようとはしなかったが、アリーシャーと彼についた高官たちの策動により、ついに罷免に追い込まれた。彼がチョバンら有力者による慰留も拒み、引退を願い出たとする史家もいる。権力争いから身を引き、我が身とそれぞれに地位のある息子たちを守ることが、齢《よわい》七〇になろうとするラシードの望みであったようである。だがラシードを恐れるアリーシャーとその一派はラシードの告発を画策し、ラシードはオルジェイトゥ毒殺の罪状で有罪となった。

一三一八年七月、タブリーズ近郊の村で、ラシードはオルジェイトゥの杯持ちであった息子イブラーヒームの処刑を見せられたのち、胴を二つに斬られ処

▼サワーミリー（ティービー）家
ペルシア湾キーシュ島のインド洋交易商人一族。当主ジャマール・アッディーンがガイハトゥ治世にファールス州・ペルシア湾の徴税請負職に任じられ、ガザン治世にはその子ファフル・アッディーンが対元朝使節団を率いるなど、その財力と通商ネットワークの支配力をもってイル・ハン朝と協力関係を築いた。しかし同じインド洋交易拠点ホルムズの支配者との抗争のなか、イル・ハン朝末期までに衰えた。

刑された。彼が指弾したハーリディーと同じ処刑方法であった。ガザン治世から約二〇年の、明確な地位をもたない「ワズィール」の権勢は幕を閉じた。

アリーシャーは、その後、約六年にわたり単独でワズィールを務めた。彼はジュワイニーやラシードのように学術庇護で名を残さなかったが、公共施設建設や慈善活動に熱心であった。だが彼も、政敵からの攻撃を免れなかった。一三二四年、アブー・サイードの代理として権勢を振るっていたチョバンの子ディマシュク・ハージャを後ろ盾としたインド洋交易大商人サワーミリー家▲のイッズ・アッディーンにより、建築事業への公金流用を追及され、その攻撃の渦中でアリーシャーは病没した。イル・ハンやアミールを後ろ盾にした権力争い、さかんな文化事業と表裏一体となった公金私物化、オルドで権力を握ったタージークとして、アリーシャーもラシードと似たような運命をたどったのだった。

ギヤース・アッディーン・ラシーディーとイル・ハン朝の滅亡

第九代イル・ハン、アブー・サイードは、もはや王位継承争いもなく、一一歳の若さで即位した。しかしその治世初期には、他ウルスの侵攻による東西国境の危機と政権内でのアミール反乱という、イル・ハン朝の本質的問題を揺り動かすような事件があいついだ。チャガタイ家から亡命した王子ヤサウル▲の反乱(一三一八〜二〇年)は、一時的だがホラーサーンの喪失を招きかねない危機だった。一三一九年、ジョチ・ウルス君主ウズベク(在位一三一三〜四一)のアゼルバイジャン侵攻防衛戦の責任をめぐり生じた対立は、オルジェイトゥ治世後半から第一位アミールとなっていたチョバン▲の権勢に不満を抱くアミールたちの反乱を招いた。しかしこの乱は若きイル・ハン自身の軍により阻まれ、チョバンの権力は揺るぎないものとなった。ラシード処刑後まもない頃である。

王位継承争いの果てのアルグン家の勝利とガザン期の軍の粛清は、オルジェイトゥ、アブー・サイード親子の姻戚の勢力増大という変化をもたらした。オルジェイトゥの王女を降嫁され、アブー・サイード政権前半期の最高権力者となったチョバンには、西アジアに来たモンゴルの支配者たちの最終的な姿をみることができるかもしれない。ガザン治世から頭角を現し、数々の戦役で活躍したチョバンは、権力掌握後も政権中枢は息子ディマシュク・ハージャに委ね、自らはつねに北西辺境か遠征地で軍を率いた。スンナ派ムスリムとしてイスラ

▼ヤサウル　チャガタイ・ウルスを確立したドゥアを支えた、有力王族。ドゥアの王子で、のちに君主となるケベク(在位一三一八頃〜二六)と対立し、一三一六年イル・ハン朝に亡命、ホラーサーン方面にユルトを与えられた。しかしオルジェイトゥ没後、ホラーサーンのアミールたちとともに反乱を企て、イル・ハン朝とケベクの軍に挟撃されて敗死した。

▼チョバン(一三二七没)　フレグ西征軍の将トダン(スルドス族)の孫。最重要の北西辺境防衛を委ねられ、クトルグシャーがギーラーン遠征で戦死した後、オルジェイトゥ政権の第一位のアミールとなった。オルジェイトゥの王女ドランダイ(一三一四没)、サティ・ベクを降嫁され、一三二五年アブー・サイードの要請で元朝から翊國《よくこく》公の称号を得る。粛清後その亡骸は、娘バグダード・ハトンにより聖地メディナに葬られた。

チョバン発行アル・タムガ文書（一三二六年、イラン国立文書館蔵）　大きな方形印（上）は元朝皇帝イェスン・テムル（在位一三二三〜二八）からチョバンに授与された「翊國公」のパスパ字銀印。

▼ギヤース・アッディーン・ラシーディー（一三三六没）　父の時代の経歴は不詳。ワズィールとしての活動の情報は乏しいが、農耕経済の復興など良政をおこなったとされ、マムルーク朝のサファディーからも高く評価されている。文人、学者、スーフィーの庇護者であり、サファヴィー教団名祖サフィー・アッディーンとも交流があった。その子らもイル・ハン朝解体後の抗争期のモンゴル支配者たちに仕えている。

ームを尊重し、一三二三年、建国以来対立が続いたマムルーク朝とついに和平が結ばれたのも、彼の役割が大きかったとされる。その圧倒的な力のもと、イル・ハン朝の中央・地方はチョバンの息子たちに支配され、アブー・サイードは約一〇年間、名目的な君主に過ぎなかった。

だが、一三二五年頃、ジャライル族の名門でアブー・サイードの従兄弟の大シャイフ・ハサン（のちのジャライル朝創始者）の妻であったチョバンの娘バグダード・ハトンをアブー・サイードが恋慕し、結婚を望んだことをきっかけに、両者の関係は悪化する。一三二七年、アブー・サイードと反チョバン派アミールによりディマシュク・ハージャが殺害され、ホラーサーン遠征中だったチョバンは、ヘラートのカルト朝に逃れたものの、最終的にそこで殺された。ほかの息子たちも殺害されるか逃走し、チョバン家の権勢はいったん絶えた。

実権を握ったアブー・サイードが自らワズィールに任命したのは、ラシードの子ギヤース・アッディーン・ムハンマド▲であった。父の処刑後、どのように生き延びていたのかは不明だが、ディマシュク・ハージャの権勢期、すでにアブー・サイードの近くに仕えていたことが、その抜擢の理由であろう。

ギャースは、さまざまなかたちで父の遺産を引き継いだ。アブー・サイードの寵愛《ちょうあい》を得て権力をふるったバグダード・ハトンらと協力関係を結んでワズィールの職務を遂行し、父の死後荒廃していたラシード区のワクフを再建した。史家ムスタウフィーやワッサーフ、シャバーンカーライー▲らが彼の庇護下で著述活動をおこない、イル・ハン朝末期の実り豊かな文化を築いた。

しかし、一三三五年、ジョチ・ウルスの再度の侵攻のなか、アブー・サイードは三〇歳で息子をもうけぬまま死去する。アルグン家の王位独占と傍系王族の粛清が続いたイル・ハン朝は、ここに至ってフレグ家の有力な王位継承候補がいないという事態に直面した。ここでギャースは、イル・ハン選出への関与という、歴代のどのタージークのワズィールもおこなわなかったことをした。アブー・サイード逝去のわずか五日後、彼がアミールらとはかって擁立したのは、フレグの弟アリクブケの後裔、アルパ▲であった。だが、この擁立は失敗だった。アブー・サイードの母ハーッジー・ハトンの一族には、アリクブケ一族と古い確執があった。アルパはバグダード・ハトンをアブー・サイード毒殺の嫌疑で殺害し、その姪でアブー・サイードと結婚し懐妊していたディルシャー

▼シャバーンカーライー（一三五八頃没）　フレグ西征期に征服されたイラン南西部シャバーンカーラの出身。史書『系譜集成』を著し、一三三二／三三年ギャースに献呈した。しかしギャース処刑により作品は失われ、第二版を一三三七年に、第三版を四三年に編纂してチョバンの孫ピール・フサインに献呈した。イル・ハン朝末期〜解体後におけるイランの動勢、およびイル・ハン朝下地方諸政権の重要な史料。

▼アルパ（第十代、在位一三三五〜一三三六）　オルジェイトゥ治世にイランへ移住したアリクブケの孫ミンガンの孫。アブー・サイードの姉妹サティ・ベグと結婚、バグダード・ハトンらを処刑して権力基盤を固めようとしたが、アリー・パードシャーに敗れた。ジャライル朝史書『シャイフ・ウワイス史』は、アルパをモンゴルの伝統に忠実な王族と評している。

ド・ハトン▲の命をもねらったが、ディルシャードがハーッジー・ハトンの兄弟アリー・パードシャーのもとへ逃亡すると、アリー・パードシャーはバイドゥの孫ムーサーをイル・ハンに立て、アルパを破った。アルパとともに、ギヤースも処刑された。「彼がモンゴルの上にすべての無秩序をもたらしたのだ」。アリー・パードシャーはこのようにギヤースを断罪したという。ラシード区は再び略奪され、ラシード一族の権勢は実質的な終焉を迎えた。

そしてラシード家の没落とともに、イル・ハン朝も崩壊した。大シャイフ・ハサンはフレグの子モンケテムルの玄孫ムハンマドを擁立してアリー・パードシャーとムーサーを破り、イラク地方を勢力下においた。ホラーサーンではトガテムル▲がイル・ハン位を宣言し、さらにチョバンの孫の小シャイフ・ハサン▲も、一族を再興してアゼルバイジャンを支配した。アミールたちが傀儡《かいらい》イル・ハンを擁立し抗争を繰り返す戦国時代が始まり、イル・ハン朝はその最後の崩壊において、再び競合する部族集団連合としての実像を現した。北西イランにおける覇権争いは、大シャイフ・ハサンが興したジャライル朝の第二代君主シャイフ・ウワイス(在位一三五六〜七四)のアゼルバイジャン支配確立によって

▼ディルシャード・ハトン(一三五一没)　ディマシュク・ハージャとアフマド・テグデル孫娘トゥルサン・ハトンの間に生まれた娘。父の粛清後、叔母バグダード・ハトンに庇護され、アブー・サイードと結婚した。アルパ殺害後、大シャイフ・ハサンと結婚しシャイフ・ウワイスを生んだが、生涯チョバン家への忠誠心をもったとされる。シーア派聖地ナジャフに埋葬された。

▼トガテムル(在位一三三八〜五三)　チンギス・ハンの弟ジョチ・カサルの後裔。ホラーサーンのアミールや有力者らの支持を受けて即位するが、サルバダール運動との抗争のなかで殺された。息子ルクマーンが後を継いだが(在位一三五三〜八八)、ティムールのホラーサーン征服後にこの家系の支配は絶えた。

▼小シャイフ・ハサン(一三四三没)　チョバンの子テムルタシュの孫。サティ・ベク、スライマーンを擁立してアゼルバイジャン地方を支配し、抗争を主導した。彼が妻により殺害された後、兄弟アシュラフがアヌーシールワーンおよび最後のイル・ハ

●イル・ハン朝解体後のイラン高原

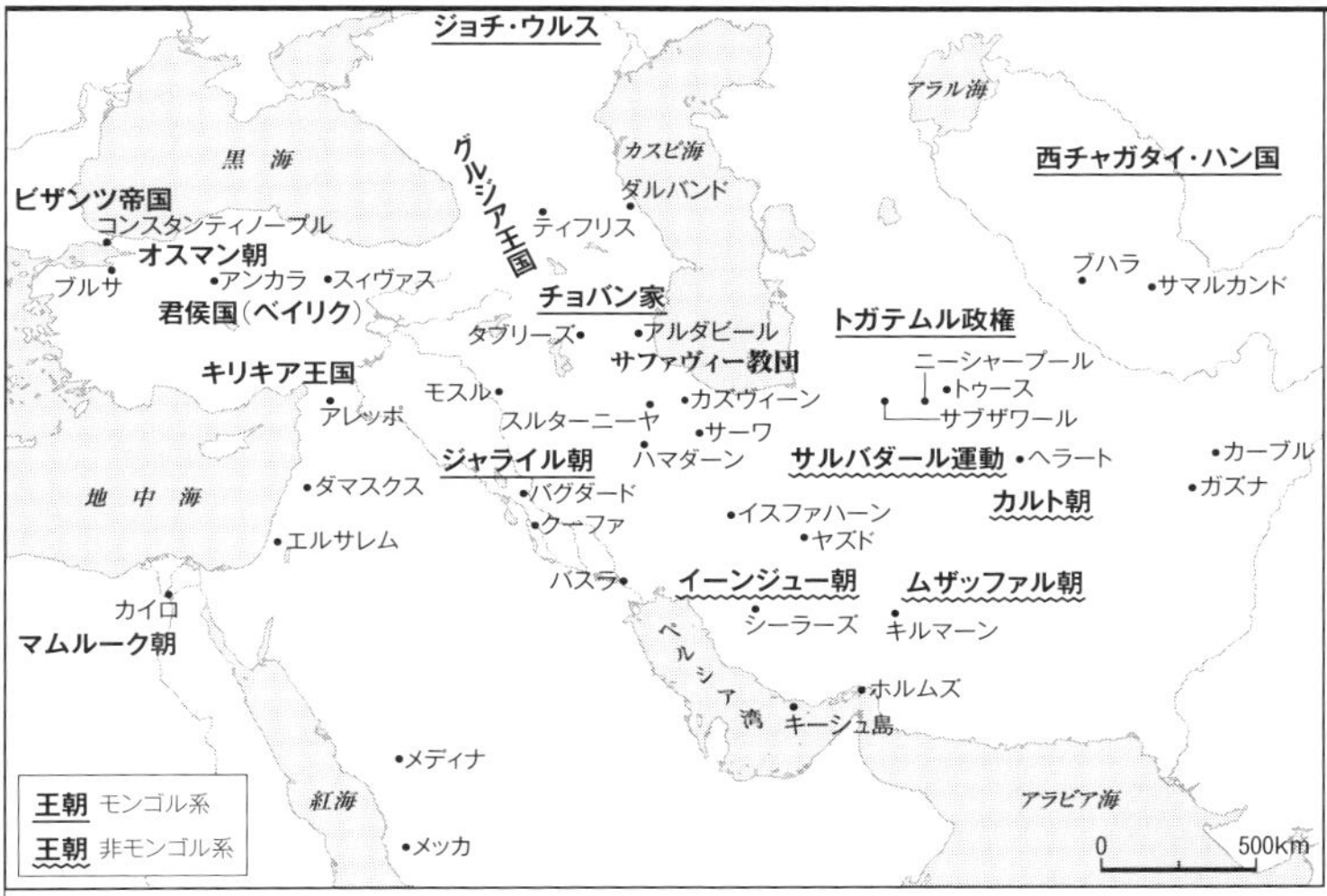

●抗争期の傀儡イル・ハンと地方独立政権(33頁系図も参照)

1336～37	ムーサー(バイドゥの孫)[アリー・パードシャー]
1336～38	ムハンマド(フレグ11男モンケテムルの玄孫)[大シャイフ・ハサン]
1338～39	サティ・ベク(アブー・サイードの姉妹)[チョバン家]
1339～40	ジャハーン・テムル(ガイハトゥの孫)[大シャイフ・ハサン]
1339～43	スライマーン(フレグの3男ヨシムトの曽孫)[チョバン家]
1343～56	アヌーシールワーン(出自不明)[チョバン家]
1356～57	ガザン2世(アヌーシールワーンの子, 最後のイル・ハン)[チョバン家]

・ジャライル朝(1340～1432年)
バグダードを拠点にチョバン家と争った大シャイフ・ハサンが, 傀儡のジャハーン・テムルを廃し自ら即位し(在位1340～56), 興した王朝。その子シャイフ・ウワイス時代, アゼルバイジャンまで支配を拡大した。支配下のタブリーズやバグダードでイル・ハン朝文化の継承・発展がみられたが, ティムールに敗退し, その後カラ・コユンル朝に破れて滅亡した。

・イーンジュー朝(1335～57年)
ファールス州のイーンジュー地(イル・ハンの王領地)管理者マフムード・シャーの子らが自立して興した地方政権。アブー・イスハーク治世(在位1343～57)に最盛期を迎え, 詩人ハーフィズら文人・学者を庇護したが, ムザッファル朝に征服されて滅亡した。

・ムザッファル朝(1314～93年)
ヤズド・アタベク政権に仕えたアラブ系のムザッファル家が興した王朝。イーンジュー朝を滅ぼして南西イランを支配し, シャー・シュジャー治世(在位1358～84)に最大版図を得るが, ティムールの西アジア遠征時に臣従し, その後滅ぼされた。

・サルバダール運動(1337～1405年)
ホラーサーン西部サブザワールの対モンゴル都市反乱から起こった地方政権(名は反乱のスローガン「頭(サル)を絞首台へ(バ・ダール)」に由来)。スーフィーの指導者のもとでシーア派的要素をもつ抵抗運動に発展し, 勢力を拡大した。しかし, スーフィーと都市有力者の対立からしだいに分裂し, ティムールの征服により衰退した。

終わり、ジャライル朝は名実ともにイル・ハン朝の後継王朝となっていく。

モンゴル勢力の分裂に乗じるように、イラン南西部ではイル・ハン朝期に台頭した非モンゴル地方勢力が、イーンジュー朝、ムザッファル朝を興した。イル・ハン朝に臣従していた各地の地方王朝も自立して、イラン高原は地方政権分立の時代を迎える。そして分裂したイラン高原は、その後一三八一年から始まったティムールの征服に飲み込まれ、波乱に満ちたモンゴルの二世紀に培われた文化遺産は、ティムール朝▲へ継承されていくのである。

ポスト・モンゴル期西アジアにおけるラシードの遺産

モンゴルによる支配の時代は、イラン高原と西アジアのその後の歴史に数々の影響を残した。

ユーラシアのテュルク系諸王朝におけるモンゴル帝国の重要な遺産の一つが、統治者の資格をチンギス家の血筋とするチンギス裔《えい》原理である。しかしイランや西アジアでは、その影響は早期に絶えた。ポスト・モンゴル期、西アジアに到来したのはトゥルクマーン諸集団の時代である。アナトリアでは、オスマン

ンとなるガザン二世を擁立して勢力を継ぐが、一三五七年ジョチ・ウルスの侵攻で捕縛・殺害され、チョバン家の支配は終焉する。

▼ティムール朝（一三七〇〜一五〇七年）　チャガタイ・ウルス東西分裂後、西チャガタイ・ハン国のアミール抗争のなかで台頭したバルラス族のティムール（在位一三七〇〜一四〇五）が創始した中央アジア・イラン高原のテュルク系王朝。チンギス家のハンを推戴するチンギス裔原理にもとづく統治体制を築く。ティムール没後、マー・ワラー・アンナフルのサマルカンド政権、ホラーサーンのヘラート政権に分裂するが、それぞれの宮廷にモンゴル帝国期の歴史叙述・学術・芸術などが継承され、高度な発展を遂げた。ジュチ裔政権シャイバーニー朝（一五〇〇〜九九年）とサファヴィー朝の侵攻による滅亡後、その文化的遺産は中央アジア・イラン・王族バーブルが興したムガル朝インドに継承された。

▼オスマン朝（一三〇〇頃〜一九二二年）　アナトリアでトゥルクマーン集団オスマン家が興した王朝。十

四世紀にバルカン半島を征服したのち、アンカラの戦いでティムールに敗れるが、一四五三年にコンスタンティノープルを征服してビザンツ帝国を滅ぼし、その後東欧・バルカン・北アフリカ・イラク以西の西アジアを支配する大帝国を形成した。

▼カラ・コユンル朝（黒羊朝、一三七四〜一四六八）　アナトリア東部からイラク北部に勢力を広げたトゥルクマーン部族連合。ジャハーン・シャー治世（一四三八〜六七年）にイラン高原西部まで征服した。アク・コユンル朝のウズン・ハサンに破れ、同王朝に吸収された。

▼アク・コユンル朝（白羊朝、十四世紀後半〜一五〇八年）　ティムールのイラン遠征時、アンカラの戦いに従軍したカラ・オスマンが、アナトリア東部ディヤルバクル支配を認められて興したバヤンドゥル族の連合国家。イラン高原まで勢力を広げ、ウズン・ハサン時代（一四五三〜七八年）に最盛期を迎えるが、権力争いで分裂し、サファヴィー朝に敗退・吸収された。

朝▲がアンカラの戦い（一四〇二年）での敗北から国家を立て直し、一四五三年ビザンツ帝国を滅ぼして大帝国への道を歩んでいく。イラン北西部では、カラ・コユンル朝▲、アク・コユンル朝▲のトゥルクマーン遊牧部族連合国家が勃興し、オルドのケシク制度を踏襲した官制や公文書様式など、モンゴルの遊牧的国家諸制度を継承した。

イスラーム思想史におけるイル・ハン朝時代は、シーア派の発展の時代とされる。モンゴル支配層の宗教的寛容策やオルジェイトゥの改宗に至るシーア派支援は、トゥースィーやヒッリーらシーア派知識人が活躍する環境を準備し、シーア派神学思想の発展に寄与した。また、モンゴルのイスラーム受容に影響をもったとされるスーフィズムとタリーカの活動は、ムスリムのイル・ハンたちの庇護を受けた。イル・ハン朝末期からアミール抗争期、アブー・サイードやチョバン家、ジャライル朝の支援を受けて発展したのが、アゼルバイジャン地方東北部アルダビールのサファヴィー教団▲である。十五世紀の政治・社会的混沌のなか、北西イランからアナトリア東部地域に醸成されていた過激シーア主義（グラート）を採用したサファヴィー教団は、十六世紀初め、シーア派政権サファヴィー朝▲を興すことになる。トゥルクマーン遊牧勢力からなるキジルバシュ▲軍を軍事基盤としたサファヴィー朝は、遊牧的官制、勅令書式と印章の使用など、トゥルクマーン諸王朝が継承してきたモンゴル的諸制度を受け継ぎ、さらに発展させていった。現代イランのシーア派社会の基盤を形成したサファヴィー朝の登場も、モンゴルが準備したということができる。

このような、西アジア・イスラーム史におけるモンゴルの遺産のさまざまな側面に、ラシードの姿を見出すことができる。

中央アジアでチンギス裔原理を継承したテュルク系諸王朝や、西アジアのトゥルクマーン諸王朝は、ともに自らの起源の正当性のよりどころとして、『集史』モンゴル史が創り、後代の史家たちが発展させたテュルク・モンゴル諸民族史▲を利用した。ラシード自身はスンナ派シャーフィイー法学派にもとづく体制を望んだが、シーア派を否定せず、イル・ハン朝で活躍するシーア派学者も尊重した。ラシード区はハーンカーをもち、スーフィーの活動拠点でもあった。モンゴルによるアッバース朝滅亡後、西アジア・イスラーム社会はイスラーム的な国家・社会の秩序をめぐって多様な論理を模索する歴史を歩み、ムスリム

▼サファヴィー教団　イル・ハン朝末期にアルダビール(現イラン北西部アルダビール州の州都)で活動したスーフィー、サフィー・アッディーンを名祖とするスーフィー教団。その子サドル・アッディーンの時代に地域社会やモンゴル支配層の帰依を受けて発展し、教団長後継争いのなかでグラート・シーア派を採用、トゥルクマーン遊牧軍団の強力な支持を得て軍事勢力へ変容した。

▼サファヴィー朝(一五〇一～一七三六年)　サファヴィー教団第八代教団長イスマーイール(イスマーイール一世、在位一五〇一～二四)が自ら隠れイマームの再臨を称し、キジルバシュの軍事力によりイラン高原を統一して樹立した王朝。その後は十二イマーム派を公式宗教としたシーア派国家体制を築き、十七世紀アッバース一世時代(在位一五八八～一六二九)に最盛期を迎え、文化・芸術などにイラン史上の黄金時代を現出した。

▼キジルバシュ　サファヴィー教団第五代教団長ハイダルが創始したトゥルクマーンの軍団。十二イマー

サファヴィー教団サフィー・アッディーン廟　師シャイフ・ザーヒドの教団を継承しアルダビールに新教団を興したサフィー・アッディーンが建立した修行場が、その死後、聖者廟として帰依の対象となった。第二代教団長サドル・アッディーン(在位一三三四～九一)時代に多大な富を得た教団は、第四代ジュナイド(在位一四四七～六〇、イスマーイール一世の祖父)時代にトゥルクマーン集団の帰依を得て、トゥルクマーン諸王朝と競合する軍事力を獲得した。

大モンゴル『王書』写本(十四世紀前半、ハーバード美術館蔵)　イランのイスラーム社会が異教徒モンゴルの支配を受容する媒介となったのは、イスラーム以前からのイラン的王権表象であった。これはイラン世界の神話・歴史伝承を集大成したフェルダウスィーのペルシア語叙事詩『王書』(十一世紀成立)への関心につながり、絵画美術の発展ともあいまって、豪華挿絵入りの『王書』写本作成の流行を生み出した。

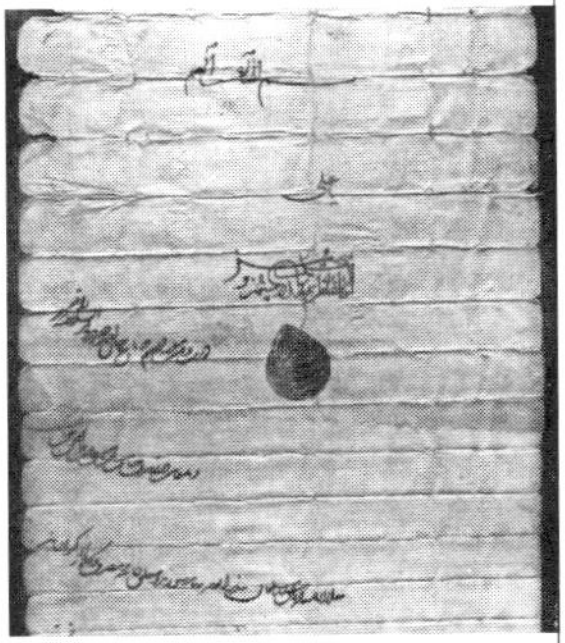

サファヴィー朝建国者イスマーイール一世の勅令冒頭(一五〇八年)　冒頭に「スーズミーズ(我らがことば)」の文言を用い、最初の数行を行下げする書式も、モンゴル時代の公文書と近い。方形印章タムガは、イル・ハン朝末期から円形など多様なかたちに発展し、後代の公文書にその使用が定着する。

ティムール朝時代の系譜集『高貴系譜』(十九世紀ムガル朝写本、大英図書館蔵)、**アフガニスタンのムスリム女性のようにブルカ姿で描かれたアラン・ゴア**　『集史』系図集(『五族譜』)はティムール朝で『高貴系譜』に再編され、ムガル朝末期まで書き継がれた。

ムを象徴する飾りと赤い心棒をもつ独自のターバンを被ったことからキジルバシュ(赤い頭)と呼ばれた。教団長への熱烈な崇敬に支えられた騎馬兵力は、サファヴィー朝建国の力となった。

▼テュルク・モンゴル諸民族史の再編　『集史』のテュルク・モンゴル諸民族史は、ムスタウフィー『選史』により伝統的なイスラーム普遍史に導入され、ティムール朝の歴史家ハーフィズ・アブルー(一四三〇没)の『集史続編』『歴史集成』などにおいてさらに整合的に体系化された。その方法は、後代のペルシア語圏の歴史叙述に影響を与えたティムール朝末期の史家ミールハーンド(一四九八没)の『清浄園』に継承された。

諸王朝の国家・王権の思想は、イスラーム的、イラン的、テュルク・モンゴル的要素を包摂してさらに複雑な発展を遂げていく。そのなかで、ラシードが『集史』や神学著作集を通し示そうとしたイル・ハン朝のための支配正当性の論理やイスラーム的秩序の主張、また彼が築いた知識人ネットワークがモンゴルのイラン・イスラーム社会統治においてもった役割は、さらに研究されていくべきであろう。

　イスラーム社会のマイノリティである元ユダヤ教徒の医師として、学者を重用するモンゴルの支配者の信を得た明確な職権なきワズィールという特異な立場から、国政に関わり、イスラーム国家イル・ハン朝の宗教政策まで動かそうとしたラシードは、モンゴルの支配のもとでこそ登場した人物であったといえる。モンゴル帝国の縮図のような複雑さを抱え、政治抗争があいついだイル・ハン朝のオルドに生き、最終的に勝利したアルグン家のイル・ハンたちの欠くべからざるワズィール(助力者)となった。自身の権力のために人を蹴落とし、業績を奪うようなこともしたが、自分が拠って生きるイル・ハン朝がモンゴル・イスラーム国家として立つ道を、現実主義的なバランス感覚で模索し続けたといってよいだろう。理想的とはいえないが、大きな変化の時代を生き抜いた極めて現実的な「名宰相」の姿が、そこに見えてくるのではないだろうか。

ラシードの墓は、残っていない。ダウラトシャー（一四九四または一五〇七没）の『詩人伝』によれば、ティムール時代まで、ラシード区にその墓はあった。しかし、アゼルバイジャン統治を任されたティムールの三男ミーラーン・シャー（一四〇八没）が、落馬事故をきっかけに乱心し、ラシードの墓を掘り起こして骨をユダヤ教徒墓地に埋めさせたという。本当かどうかわからない。だがミーラーン・シャーがティムールに反乱を起こし、処刑されるに至るなかでおこなった、乱心ゆえの「貴顕、偉大な人々に対する敬意を欠いた振る舞い」として、ダウラトシャーはこの逸話を記録している。モンゴル帝国の時代は、大きな試練の時代であったと同時に、今なお私たちの歴史認識を試し続ける時代である。ラシードの生涯は、私たちに何を伝えてくれるだろうか。

イランのモンゴル帝国時代とラシード・アッディーンの生涯

西暦	年齢	おもな事項
1219～		オトラル事件（1218）を契機にチンギス・ハンが西方侵攻を開始。イラン高原東部地域がモンゴル帝国に征服される
1229		第2代皇帝オゴデイ即位（～1241）。タマ軍と総督のもとでイラン高原の支配が進む。第3代グユク治世（1246～48）をへて，帝位継承をめぐりチンギス家4王家の対立が深まる
1249頃	0	ラシード，ハマダーンのユダヤ教徒医師一族の子として生まれる
1256	7	フレグ，兄の第4代皇帝モンケ（1251～59）により西方遠征へ派遣，イラン侵攻。アラムートのニザール派城塞攻略時、城塞にいたラシードの祖父らが大学者トゥースィーとともに庇護される
1258	9	フレグ軍のバグダード征服，アッバース朝滅亡
1260	11	シリア侵攻の途上でモンケの訃報。フレグの西アジア征服地残留により，イル・ハン朝が成立
1265	26	第2代イル・ハン，アバカ即位（～1282）。ラシード，医師としてオルドへ仕えはじめる
1279頃	30	ラシード，イスラームに改宗？（マムルーク朝史家アイニーの説）
1282	33	アルグンの任地ホラーサーンでオルジェイトゥ誕生に立ち会う
1284	35	アルグン，第3代アフマド・テグデル（1282～84）から王位奪取，第4代イル・ハンに即位（1284～91）。王位争いの内訌が始まる
1291	42	第5代ガイハトゥ即位（～1295）。ラシード，ワズィール位を拝命するが辞退？　この頃から財政危機が顕在化
1295	46	ガザン，第6代バイドゥ（1295）に反乱。対戦への途上でイスラーム改宗（6月17日）。バイドゥを倒して即位（～1304）
1297	48	ラシード，サーワジーとともにワズィールに抜擢。諸改革の開始
1299	50	ガザンの第1次シリア遠征に同行。ダマスクス征服時，住民側使節団に参加していたイブン・タイミーヤと会う
1304	55	ガザン没，第8代オルジェイトゥ即位（～1316）。引き続きサーワジーとともにワズィールを務める。『集史』第1巻モンゴル史を献呈
1305頃	56	タブリーズ郊外にラシード区建設開始（1309年，ワクフ設定）
1307	58	『集史』第2巻世界史の献呈。宮廷での法学派の対立が激化。この頃から神学著作の執筆が進められる
1310	61	オルジェイトゥのシーア派公式採用
1312	63	サーワジー失脚，処刑。ラシードの推薦でタージュ・アッディーン・アリーシャーがワズィールに就任
1315	66	タージュ・アッディーン・アリーシャーとの対立
1316	67	オルジェイトゥ没，第9代アブー・サイードが11歳で即位（～1335）。アリーシャー派のラシードへの攻撃が始まる
1318	69	ラシード，オルジェイトゥ毒殺の嫌疑で処刑
1327		アミール・チョバン殺害。アブー・サイードによりラシードの子ギヤース・アッディーンがワズィールに任命される
1335		アブー・サイード没。ギヤース，アルパを擁立
1336		アリー・パードシャー，アルパとギヤースを殺害。有力アミールによる傀儡イル・ハンの擁立と抗争始まる。イル・ハン朝の解体

参考文献

赤坂恒明「『五族譜』モンゴル分支と『集史』の関係」『早稲田大学大学院文学研究科紀要 第4分冊』41，1995年

荒川正晴・弘末雅士責任編集『モンゴル帝国と海域世界——12～14世紀』（岩波講座世界歴史10）岩波書店，2023年

イブン・タイミーヤ（中田考編・訳・解説）『イブン・タイミーヤ政治論集』作品社，2017年

岩武昭男「ガザン・ハンのダールッスィヤーダ（dār al-siyāda）」『東洋史研究』50巻4号，1992年

岩武昭男「ラシード区ワクフ文書補遺写本作成指示書」関西学院大学東洋史学研究室編『アジアの文化と社会——関西学院大学東洋史学専修開設30周年記念論集』法律文化社，1995年

岩武昭男「タージュッディーン・アリーシャーの死」『人文論究』47巻1号，1997年

岩武昭男『西のモンゴル帝国——イルハン朝』（K.G.リブレット）関西学院大学出版会，2001年

宇野伸浩「『集史』の構成における「オグズ・カン説話」の意味」『東洋史研究』61巻1号，2002年

宇野伸浩「フレグ家の通婚関係にみられる交換婚」『北東アジア研究　別冊』1，2008年

大塚修「史上初の世界史家カーシャーニー——『集史』編纂に関する新見解」『西南アジア研究』80，2014年

大塚修『普遍史の変貌——ペルシア語文化圏における形成と展開』名古屋大学出版会，2017年

大塚修「第3章　モンゴル時代の西アジア——イル・ハン国とラシードゥッディーン」小松久男ほか『モンゴル帝国のユーラシア統一』（アジア人物史5）集英社，2023年

カーシャーニー（大塚修ほか訳註）『カーシャーニー　オルジェイトゥ史——イランのモンゴル政権イル・ハン国の宮廷年代記』名古屋大学出版会，2022年

佐口透編『モンゴル帝国と西洋』（東西文明の交流4）平凡社，1970年

佐藤圭四郎「元朝の交鈔とイルハーン朝の鈔cav——13・4世紀における東・西アジアの紙幣制度」『龍谷大学論集』428，1986年

志茂碩敏『モンゴル帝国史研究序説——イル汗国の中核部族』東京大学出版会，1995年

杉山正明・北川誠一『大モンゴルの時代』（世界の歴史 9〈中公文庫〉）中央公論新社，2008年

ドーソン（佐口透訳注）『モンゴル帝国史』（全6巻，東洋文庫）平凡社，1968～79年

羽田正「「牧地都市」と「墓廟都市」——東方イスラーム世界における遊牧政権と都市建設」『東洋史研究』49巻1号，1990年

本田実信・小山皓一郎「オグズ＝カガン説話」『北方文化研究』7，1974年

本田実信『モンゴル時代史研究』東京大学出版会，1991年

マーザンダラーニー（髙松洋一監訳，渡部良子・阿部尚史・熊倉和歌子訳）『簿記術に関するファラキーヤの論説』共同利用・共同拠点イスラーム地域研究拠点（東洋文庫），2013年

桝屋友子『イスラームの写本絵画』名古屋大学出版会，2014 年
水上遼『語り合うスンナ派とシーア派——十二イマーム崇敬から中世イスラーム史を再考する』風響社，2019 年
宮紀子『モンゴル時代の「知」の東西』（上・下）名古屋大学出版会，2018 年
デイヴィド・モーガン（杉山正明・大島淳子訳）『モンゴル帝国の歴史』角川書店，1993 年
ラシード＝アッディーン（赤坂恒明監訳，金山あゆみ訳注）『ラシード＝アッディーン『集史』——「モンゴル史」部族篇 訳注』風間書房，2022 年
四日市康博「ユーラシア史的視点から見たイル＝ハン朝公文書——イル＝ハン朝公文書研究の序論として」『史苑』75 巻 2 号，2015 年

Aigle, D., *The Mongol Empire between Myth and Reality: Studies in Anthropological History*, Leiden, Boston, 2015.
Akasoy, A., Ch. Burnett & R. Yoeli-Tlalim eds., *Rashīd al-Dīn: Agent and Mediator of Cultural Exchanges in Ilkhanid Iran*, London,Turin, 2013.
Allsen, T. T., *Culture and Conquest in Mongol Eurasia*, Cambridge, 2001.
Amitai, R. & D. O. Morgan eds., *The Mongol Empire and its Legacy*, Leiden, Boston & Köln, 1999.
Amitai, R., *Holy War and Rapprochement: Studies in the Relations between the Mamluk Sultanate and the Mongol Ilkhanate (1260-1335)*, Turnhout, 2013.
Amitai, R., *The Mongols in the Islamic Lands: Studies in the History of the Ilkhanate*, Aldershot, 2007.
Aubin, J., *Émirs mongols et vizirs persans dans les remous de l'acculturation*, Paris, 1995.
Biran, M. & H. Kim eds., *The Cambridge history of the Mongol Empire*, 2 vols., Cambridge, 2023.
Boyle, J. A. ed., *The Cambridge History of Iran, vol. 5: The Saljuq and Mongol Periods*, Cambridge, 1968.
De Nicola, B. & Ch. Melville eds., *The Mongols' Middle East: Continuity and Transformation in Ilkhanid Iran*, Leiden, 2016.
Hillenbrand, R., A.C.S. Peacock and F. Abdullaeva eds., *Ferdowsi, the Mongols and the History of Iran: Art, Literature and Culture from early Islam to Qajar Persia*, London, 2013.
Hoffmann, B., *Waqf im mongolischen Iran: Rašiduddins Sorge um Nachruhm und Seelenheil*, Stuttgart, 2000.
Kamola, S., *Making Mongol History: Rashid al-Din and the Jami‘ al-Tawarikh*, Edinburgh, 2019.
Komaroff, L. ed., *Beyond the Legacy of Genghis Khan*, Leiden, Boston, 2006.
Krawulsky, D., *The Mongol Īlkhāns and their Vizier Rashīd al-Dīn*, Frankfurt am Main, 2011.
Lambton, A.K.S., *Continuity and Change in Medieval Persia: Aspects of Administrative, Economic, and Social History, 11th-14th Century*, New York, 1988.
Melville, Ch., "Pādshāh-i Islām: The Conversion of Sultan Maḥmūd Ghāzān Khān," *Pembroke Papers*, 1, 1990.

Melville, Ch., "'The Year of the Elephant' : Mamluk-Mongol Rivalry in the Hejaz in the Reign of Abū Sa'īd (1317-1335)," *Studia Iranica*, 21(2), 1992.
Melville, Ch., *The Fall of Amir Chupan and the Decline of the Ilkhanate, 1327-37: A Decade of Discord in Mongol Iran*, Bloomington, Ind., 1999.
Pfeiffer, J. ed., *Politics, Patronage, and the Transmission of Knowledge in 13th-15th Century Tabriz*, Leiden, 2014.
Prazniak, R., "Ilkhanid Buddhism: Traces of a Passage in Eurasian History," *Comparative Studies in Society and History*, 56(3), 2014.
Rajabzade, H., *Ā'īn-i Kishvardārī dar 'Ahd-i Vizārat-i Rashīd al-Dīn Faḍl Allāh Hamadānī*, Tihrān, 1977.
Rajabzade, H., *Khvāja Rashīd al-Dīn Faḍl Allāh*, Tihrān, 1998.
van Ess, J., *Der Wesir und seine Gelehrten: zu Inhalt und Entstehungsgeschichte der theologischen Schriften des Rašīduddīn Fażlullāh (gest. 718/1318)*, Wiesbaden, 1981.

図版出典一覧

Balog, P., *Coinage of the Mamlūk Sultans of Egypt and Syria*, New York, 1964. *16*
Billī Uskūyī, Ā & M. 'A. Kay-nizhād, & 'A.-M. Nuqra-kār, "Ṭarḥ-i farḍī-i 'Rab" va 'Shahristān'-i Rab'-i Rashīdī," *Ṣuffa*, 20 (1), 1389kh. *68, 69*
Blair, S. S., *Text and Image in Medieval Persian Art*, Edinburgh, 2014. *23 中 , 35 右 , 43 上左*
Blair, S. S., "Tabriz: International Entrepôt under the Mongols," in J. Pfeiffer ed., *Politics, Patronage and the Transmission of Knowledge in 13th-15th Century Tabriz*, Leiden, New York, 2014. *61 上 , 71*
De Nicola, B., *Women in Mongol Iran: The Khātūns, 1206-1335*, Edinburgh, 2017. *83 下左*
Fitzhugh, W. W. et al. eds., *Genghis Khan and the Mongol Empire*, Washington, D.C., 2009. *15 右 , 29*
Folsach, Kjeld von., *For the Privileged Few: Islamic Miniature Painting from the David Collection*, Humlebæk, Denmark; København, 2007. 扉 *, 62*
Haenisch, E. E., "Zu den Briefen der mongolischen Il-Khane Arġun und Öljeitü an den König Philipp den Schönen von Frankreich (1289 u. 1305) ," *Oriens*, 2 (2), 1949. *23 下左*
Al-Ḥasan b. 'Alī, *Al-Murshid fī al-Ḥisāb*, Tihrān, MS. Kitābkhāna-'i Majlis-i Shūrā-yi Islāmī 2154. *30*
Herrmann, G., *Persische Urkunden der Mongolenzeit*, Wiesbaden, 2004. *41*
Kadoi, Y., *Islamic Chinoiserie: The Art of Mongol Iran*, Edinburgh, 2018. *26, 61 下*
Komaroff, L. & S. Carboni eds., *The Legacy of Genghis Khan: Courtly Art and Culture in Western Asia, 1256-1353*, New York, New Haven, London, 2002. *15 左 , 23 上左 , 52, 57, 83 中*
Komaroff, L. ed., *Beyond the Legacy of Genghis Khan*, Leiden, Boston, 2006. *27, 44*
Pourjavady, N. et Ž. Vesel eds., *Naṣīr al-Dīn Ṭūsī: Philosophe et savant du XIIIe siècle: Actes du colloque tenu à l'Université de Téhéran, (6-9 mars 1997)*,

Téhéran, 2000. *23* 上右
Qūchānī, ʻA., "Pāyza," *Mīrāth-i Farhangī*, 17, 1376kh. *43* 上右
Rashīd-al-Dīn Faḍl Allāh Hamadānī, *Tanksūq-nāma, yā, Ṭibb-i ahl-i Khatā*, introduction by M. Mīnuvī, Tihrān, 1972. *63*
Roxburgh, D. J. ed., *Turks: A Journey of a Thousand Years, 600-1600*, London, 2005. *65, 67*
Šayḫ al-Ḥukamā'ī, E., "Study on a Decree of Amīr Čoban of 726 AH/1326 CE," *Orient*, 50, 2015. *76*
Sharīʿat-zāda, ʿA. A., *Sikka-hā-yi Īrān-zamīn: Majmūʿa-'i Sikka-hā-yi Muʾassisa-'i Kitābakhāna va Mūza-'i Millī-i Malik az Dawra-'i Hakhāmanishī tā Pāyān-i dawra-'i Pahlavī*, Tihrān, 1390kh. *33, 43* 下 , *73*
Stern, S.M. ed., *Documents from Islamic Chanceries*, Columbia, 1970. *83* 下右
Ward, R. ed., *Court and Craft: A Masterpiece from Northern Iraq*, London, 2014. *35* 左
Waṣṣāf-i Ḥaḍrat, Sharaf al-Dīn ʻAbd Allāh Shīrāzī, *Tajziyat al-Amṣār wa Tazjiyat al-aʿṣār: Tārīkh-i Waṣṣāf*, Ī. Afshār et al. eds., Tihrān, 2009. *70*

タブリーズ中央図書館（Frontispiece of the Deeds of Endowment, inscribed by Rashid al-Din Fazlollah Hamadani） カバー表
日本銀行金融研究所貨幣博物館 *36*
筆者撮影 *25, 83* 上
フランス国立図書館 *47*
ユニフォトプレス カバー裏 , *14, 23* 下右
Shutterstock *45, 48*

渡部良子（わたべ　りょうこ）
1969年生まれ
東京大学文学部東洋史学科卒業
博士（文学，東京大学）
専攻，前近代イスラーム期イラン史，モンゴル支配期イラン社会文化史，
ペルシア語官僚技術の歴史
現在，東京大学文学部ほか非常勤講師

主要著書・論文

「モンゴル時代におけるペルシア語インシャー術指南書」
『オリエント』46巻2号（2004）
「13－14世紀イル・ハン朝下イランの徴税制度——簿記術指南書史料による再構成」
『近世イスラーム国家史研究の現在』
（東京外国語大学アジア・アフリカ言語文化研究所 2015）
「イル・ハン国のイラン系官僚たち——モンゴル支配下イランの財務制度と文化」
『岩波講座世界歴史10　モンゴル帝国と海域世界——12～14世紀』（岩波書店 2023）

世界史リブレット人㉓

ラシード・アッディーン
モンゴル帝国《ていこく》期《き》イランの「名宰相《めいさいしょう》」

2024年10月10日　1版1刷印刷
2024年10月20日　1版1刷発行

著者：渡部《わたべ》 良子《りょうこ》

発行者：野澤武史

装幀者：菊地信義＋水戸部功

発行所：株式会社 山川出版社

〒101-0047　東京都千代田区内神田1-13-13
電話　03-3293-8131（営業）8134（編集）
https://www.yamakawa.co.jp/

印刷所：株式会社 明祥

製本所：株式会社 ブロケード

ISBN978-4-634-35023-6

世界史リブレット 人

1 ハンムラビ王——中田一郎
2 ラメセス2世——高宮いづみ・河合 望
3 ネブカドネザル2世——山田重郎
4 ペリクレス——前沢伸行
5 アレクサンドロス大王——澤田典子
6 古代ギリシアの思想家たち——髙畠純夫
7 カエサル——毛利 晶
8 ユリアヌス——南川高志
9 ユスティニアヌス大帝——大月康弘
10 孔子——高木智見
11 商鞅——下田 誠
12 武帝——冨田健之
13 光武帝——小嶋茂稔
14 冒頓単于——沢田 勲
15 曹操——石井 仁
16 孝文帝——佐川英治
17 柳宗元——戸崎哲彦
18 安禄山——森部 豊
19 アリー——森本一夫
20 マンスール——高野太輔
21 アブド・アッラフマーン1世——佐藤健太郎
22 ニザーム・アルムルク——井谷鋼造
23 ラシード・アッディーン——渡部良子
24 サラディン——松田俊道
25 ガザーリー——青柳かおる
26 イブン・ハルドゥーン——吉村武典
27 レオ・アフリカヌス——堀井 優
28 イブン・ジュバイルとイブン・バットゥータ——家島彦一
29 カール大帝——佐藤彰一
30 ノルマンディー公ウィリアム——有光秀行
31 ウルバヌス2世と十字軍——池谷文夫
32 ジャンヌ・ダルクと百年戦争——加藤 玄
33 王安石——小林義廣
34 クビライ・カン——堤 一昭
35 マルコ・ポーロ——海老澤哲雄
36 ティムール——久保一之
37 李成桂——桑野栄治
38 永楽帝——荷見守義
39 アルタン——井上 治
40 ホンタイジ——楠木賢道
41 李自成——佐藤文俊
42 鄭成功——奈良修一
43 康熙帝——岸本美緒
44 スレイマン1世——林佳世子
45 アッバース1世——前田弘毅
46 バーブル——間野英二
47 大航海時代の群像——合田昌史
48 コルテスとピサロ——安村直己
49 マキァヴェッリ——北田葉子
50 ルター——森田安一
51 エリザベス女王——青木道彦
52 フェリペ2世——立石博高
53 クロムウェル——小泉 徹
54 ルイ14世とリシュリュー——林田伸一
55 フリードリヒ大王——屋敷二郎
56 マリア・テレジアとヨーゼフ2世——稲野 強
57 ピョートル大帝——土肥恒之
58 コシューシコ——小山 哲
59 ワットとスティーヴンソン——大野 誠
60 ワシントン——中野勝郎
61 ロベスピエール——松浦義弘
62 ナポレオン——上垣 豊
63 ヴィクトリア女王、ディズレーリ、グラッドストン——勝田俊輔
64 ガリバルディ——北村暁夫
65 ビスマルク——大内宏一
66 リンカン——岡山 裕
67 ムハンマド・アリー——加藤 博
68 ラッフルズ——坪井祐司
69 チュラロンコン——小泉順子
70 魏源と林則徐——大谷敏夫
71 曾国藩——清水 稔
72 金玉均——原田 環
73 レーニン——和田春樹
74 ウィルソン——長沼秀世
75 ビリャとサパタ——国本伊代
76 西太后——深澤秀男
77 梁啓超——高柳信夫
78 袁世凱——田中比呂志
79 宋慶齢——石川照子
80 近代中央アジアの群像——小松久男
81 ファン・ボイ・チャウ——今井昭夫
82 ホセ・リサール——内山史子
83 アフガーニー——小杉 泰
84 ムハンマド・アブドゥフ——松本 弘
85 イブン・アブドゥル・ワッハーブとイブン・サウード——保坂修司
86 ケマル・アタテュルク——設樂國廣
87 ローザ・ルクセンブルク——姫岡とし子
88 ムッソリーニ——高橋 進
89 スターリン——中嶋 毅
90 陳独秀——長堀祐造
91 ガンディー——井坂理穂
92 スカルノ——鈴木恒之
93 フランクリン・ローズヴェルト——久保文明
94 汪兆銘——劉 傑
95 ヒトラー——木村靖二
96 ド・ゴール——渡辺和行
97 チャーチル——木畑洋一
98 ナセル——池田美佐子
99 ンクルマ——砂野幸稔
100 ホメイニー——富田健次

〈シロヌキ数字は既刊〉